乔洁◎著

U0679850

How parents say
teachers will listen

家长如何说
老师才会听

台海出版社

图书在版编目（CIP）数据

家长如何说，老师才会听 / 乔洁著 . — 北京 ：台海
出版社，2024. 10. — ISBN 978-7-5168-4034-4

Ⅰ. G459；G78

中国国家版本馆 CIP 数据核字第 2024A2G923 号

家长如何说，老师才会听

著　　者：乔　洁

责任编辑：魏　敏　　　　　　　　封面设计：宋晓亮

策划编辑：戈旭皎

出版发行：台海出版社

地　　址：北京市东城区景山东街20号　　　邮政编码：100009

电　　话：010-64041652（发行，邮购）

传　　真：010-84045799（总编室）

网　　址：http://www.taimeng.org.cn/thcbs/default.htm

E-mail：thcbs@126.com

经　　销：全国各地新华书店

印　　刷：三河市天润建兴印务有限公司

本书如有破损、缺页、装订错误，请与本社联系调换

开　　本：710毫米×1000毫米　　　　1/16

字　　数：120千字　　　　　　　　印　　张：11

版　　次：2024年10月第1版　　　　印　　次：2024年11月第1次印刷

书　　号：ISBN 978-7-5168-4034-4

定　　价：52.00元

　　家长与老师尤其是与班主任之间的有效沟通，是孩子教育过程中至关重要的一环。它不仅能够让家长及时了解孩子在学校的表现和遇到的困难，帮助孩子解决问题，形成良好的行为习惯和道德修养，更有利于家长与班主任之间建立良好的合作关系，实现家校和谐共建，进而促进孩子全面发展。

　　但可惜的是，很多家长不善于和班主任沟通，容易使用不恰当的沟通方式；缺乏与班主任积极沟通的良好意识，从不积极主动地与班主任沟通，见到班主任只想着逃避；只站在自己的角度思考问题，从不尊重和信任班主任……以至于双方陷入沟通不畅、误解重重的困境，进而影响孩子的学业、行为习惯养成、个性发展甚至是心理健康。

　　所以说，为了孩子的成长和教育，我们要做智慧的家长，学会高情商地与班主任进行沟通，建立良好的沟通机制，通过定期交流、互相理解和支持共同帮助孩子的成长和教育。

　　那么，如何与班主任进行有效沟通呢？

　　首先，沟通前，应该明确沟通的目的是为了反映问题、寻求帮助、表达意见，还是提出要求。目的明确了，才能更有针对性地交流，提高沟通的效率与成功率。

　　其次，要选择合适的时间和地点，尽量在班主任不太忙碌的时间段进行私下沟通，避免班主任在上课或处理紧急事务时受到打扰，同时避免当众讨论一些敏感话题。

再次，要保持开放、友好的心态，理解和信任班主任，对班主任的工作表示尊重和感激；认真聆听班主任的意见和建议，尊重班主任的判断并及时给予反馈；即便表达不满或担忧，也尽量使用建设性和正面的语言，避免情绪过激，避免指责和攻击。

最后，要保持沟通的顺畅，形成定期沟通的习惯，如每学期初、中、末各沟通一次，或者每月定期进行沟通，遇到重要事项要及时沟通。

当然，我们与班主任进行沟通，是为了让孩子更好地教育和成长，话题也应围绕孩子的表现。所以，在沟通过程中，我们要正确看待自己的孩子，充分了解孩子的优缺点，不过分贬低，也不盲目夸奖。

总之，家长与班主任的有效沟通是非常重要的。沟通顺畅，自己才放心，孩子才开心，班主任也顺心。

当然，对于很多家长来说，这也是一个挑战。

正因如此，我们为家长朋友准备了这本具有指导意义的书籍——《家长如何说，老师才会听》。本书从如何建立关系、如何介绍孩子、如何提出问题、如何聆听和回答问题、何时必须沟通、如何提出要求六个方面切入，介绍了家长在与班主任沟通过程中可能存在的问题和难题，同时有针对性地给出具体的建议和指导，并提炼了一些常见"话术"，旨在帮助家长掌握沟通技巧，提高表达能力，更好地与班主任进行交流。

亲爱的家长朋友，如果你们不会与班主任沟通，或者说了班主任也不听，反而引起班主任误解，那么就阅读本书吧。从今天开始，努力提升自己的沟通和表达能力，尽快与班主任建立良好的合作关系。

目录

第四章　班主任主动沟通，话里话外的玄机你懂吗

第一章

如何与新班主任形成
"沟通默契"

与新班主任沟通，首先要打招呼并做自我介绍，与之建立联系，拉近彼此的距离，然后是注意言行举止和社交礼仪，给班主任留下良好的印象。距离拉近了，好印象留下了，沟通才能默契十足。

初次见面，建立信任

——孩子到您的班上我就放心了

> 　　一年级新学期开始，刘禹希的妈妈送孩子到学校，见到班主任后，她很热情地走上前去，说："您就是班主任吧？以后还请您多多关照。"
>
> 　　这种话，班主任刚才已经听了几十句，耳朵都快起茧子了，但还是习惯性地微笑答道："您放心，我们会尽量把工作做到最好，对所有孩子一视同仁……"

　　在所有的社交活动中，第一印象都是非常重要的，家长和新班主任之间的交流沟通同样如此。

　　事实上，在家长与新班主任第一次见面时，大多数班主任会不自觉地对家长的性格进行评估：

　　这个家长乐于沟通吗？

　　这个家长易于沟通吗？

　　这个家长善于沟通吗？

评估的结果，会直接影响日后班主任与家长的沟通模式。对于班主任而言，乐于沟通，意味着家长的合作意愿比较强，这是他们最希望看到的；易于沟通，意味着家长的性格比较包容、随和，和这类家长沟通起来，顾虑比较小，轻松；善于沟通，意味着家长讲话的逻辑性强，听话的理解力强，沟通效率会很高，这也是班主任期望遇到的家长类型。

所以，当我们与新班主任进行沟通时，主要的原则就是：

1. 态度热情、积极，展示自己乐于沟通的一面。

2. 措辞和气，少生是非，展示自己易于沟通的态度。

3. 语言精练，围绕中心话题，展示自己善于沟通的能力。

做到这三条，沟通效果一般不会太差。

另外，家长与新班主任第一次见面，也分三种情况。第一种情况是新生报到日，幼儿园升小学、小学升初中的报道日，家长一般都会和班主任见上一面；第二种情况是换了新班主任；第三种情况是孩子转班、转学。情况不同，我们的沟通方式也应该有所不同。

第一，新生报到时家长与班主任说些什么？

新生报到日，班主任要接待全班同学的家长，还有很多事情要处理，所以他们会非常忙。大部分家长见到班主任之后，说的话和开篇案例中的刘禹希妈妈差不多：

> **家　长：**"您就是班主任吧？还请您多多关照。"
>
> "老师，您好，孩子的事以后您多费心。"

其实，这类话的唯一作用就是"寒暄"，没有任何实际意义。大家都是这一套说辞，班主任听得多了，早已无感，只是随声附和罢了。

这个时候，家长只要向班主任传达两方面的意思就可以了。

1. 我们对学校、老师很信任。

2. 我们会全力配合班主任的工作。

所以，聪明的家长可以这样说：

家　长：**"老师，听说您有十几年教学经验，孩子到您的班上我就放心了！我们家长一定会全力配合您的工作，有什么需要，尽管告诉我们。"**

短短一句话，两个意思都传达到了，而这也是一个新班主任最想听到的，自然会给他们留下好印象。

第二，换了新班主任怎么沟通？

班级更换班主任，是比较常见的现象。

一般来讲，换班主任这件事情，很可能给家长与班主任带来信任危机。所以，新班主任渴望与家长沟通，希望通过沟通获取信任和支持。如果家长接受换班主任这件事情，就应该对新班主任表达自己的信任。

家　长：**"孩子说新班主任很有亲和力，教课水平也很高，我们很高兴学校能让您接任咱们班的班主任。之后，如果有需要我们家长配合的事情，您一定要及时通知，我们会一如既往地支持学校和老师的工作。"**

另外，新班主任上任初期，家长要适当增加与班主任的沟通频率，积极主动地与其沟通，目的是相互了解、相互磨合。

第三，孩子转学／转班，有了新班主任如何沟通？

这种情况下，家长需要记住三个沟通要点。

1.转学或转班意味着孩子的学习进度被打乱了，所以一定要和班主任就学习进度问题多多交流，避免孩子因为学习进度被打乱，影响学习成绩。

2.在交流过程中，要把孩子的性格特征、行为习惯、学习状况、学习习惯向班主任说明白，增加班主任对孩子的了解。如此一来，班主任才能把孩子和其他同学放到同一个纬度上管理，从侧面降低孩子融入新班级的难度。

3.在沟通中了解新班主任的个性、做事和教学风格，为以后的顺畅沟通打下基础。

养成"例行沟通"的习惯

——过一段时间不和您沟通一下，我就心里没底

> 王鑫磊的妈妈性格内向，稍微有点社交恐惧，平时都尽量主动远离各种社交场合。在与王鑫磊的班主任沟通的问题上，王鑫磊的妈妈依然延续了自己的社交风格——老师不联系她，她绝不会主动联系老师；开家长会的时候，总是坐在最后一排的角落里，很少主动发言……
>
> 正因为这样，王鑫磊的妈妈与班主任并不熟。一次，王鑫磊的妈妈遇到班主任，鼓起勇气和班主任打招呼："李老师，您好。"
>
> 结果班主任很迷茫，显然不知道她是谁。

像王鑫磊妈妈这样的人，生活中不在少数。虽然内向不是缺点，但不得不说的是，很多性格内向的家长往往很难与班主任形成良好的互动关系，进而影响家校合作，给孩子的教育带来不良影响。

事实上，班主任不但负责教学工作，还负责管理学生、制订班级管理计划、参加定期培训等工作。如果你不积极与班主任进行交流，班主任可能没有时间与每个家长"例行沟通"，只是会在发现问题时与家长沟通。

老师没有叫我，那应该是没啥事吧……

要想孩子学习好
"例行沟通"不能少

心理学上有一种"镜像反应"，是指一个人的情感和行为会引起另一个人类似的情感和行为，进而形成一种相互反应的循环。简单来说就是，你热情，他自然也会热情；你冷漠，他自然也会冷漠。你对班主任热情，班主任也会对你热情；你积极与班主任沟通，班主任也会积极回应你。反之，亦然。

更有甚者，一些班主任发现家长有"逃避沟通"的反应，不免会"犯嘀咕":"是不是人家不太愿意和我多说话?"甚至会想:"对方是不是对我有意见?"如此一来,班主任和家长之间就会形成"猜疑链",影响沟通效率和沟通效果,进而不利于孩子的教育。

所以,作为家长,我们应该让自己变得主动一些,突破性格障碍。那么,家长如何才能突破自己的性格障碍,与班主任达成比较好的沟通默契呢?

可以从以下两个方面着手。

第一,把和班主任的沟通当成"合作交流"。

家长不要把和新班主任的沟通当成"任务",或者是"不得不处理的人情世故",而是要把这种沟通当成"合作交流"。即便你再内向,也不会因为内向不去工作、不和同事交流吧?

所以,把与班主任沟通当成和同事交流,合作项目就是"做好孩子的教育"。这样一来,交流就变得简单了。

第二,养成"例行沟通"的习惯。

既然把与班主任的沟通当成"合作交流",就要建立起"例行沟通"的机制。家长可以选择几个固定的时间点,与班主任进行有规律的沟通。

可以一周、一个月交流一次,也可以在开学一个月后、期中、期末等时间节点进行交流。

比如,开学一个月后,家长可以专门找到班主任进行交流。

家　长："老师，现在已经开学一个月了，孩子的学习状态怎样？成绩是否有进步？"

班主任："孩子学习态度积极，数学成绩不错，但英语还需要多加努力。"

家　长："好的，我们会在家里好好辅导和监督，争取引导他把英语成绩提上去。"

又一个月后，家长再次与班主任沟通。

家　长："老师，我感觉过一段时间不和您沟通一下就心里没底，今天来想了解一下孩子的学习状态和学习效果。"

　　"老师，这段时间孩子在学校表现如何？英语成绩是否有所提升？我们每天让他练听力……"

通过定期"例行沟通"，家长与老师建立了常态化的沟通联系，自然可以让彼此对孩子的情况充分了解，不但能及时解决问题，还增强了彼此的默契感。

不要明知故问

——老师好，我是×××的家长

王芳生病了，王芳的妈妈给班主任打电话请假。升四年级后，王芳所在的班级换了新班主任，这是王芳的妈妈第一次给班主任打电话，所以她不知道怎么"开场"。电话接通之后，王芳的妈妈习惯性地问道："您好，您是孩子的班主任吧？"

虽然班主任客气地说："您是谁？请问有什么事儿吗？"但心里却在悄悄嘀咕："你给我打电话，还不知道我是谁？"

"你是××吧？"

类似的开场白，是许多家长平时给"交情不深"的人打电话时喜欢说的话，或是习惯性脱口而出的话。但这个小小的细节，却会让班主任内心非常不舒服，因为许多班主任往往会产生两个认知。

1. 家长对孩子班主任的身份"拿不准"，不够重视和尊重班主任——"我都教你孩子这么长时间了，你还不知道我是谁？"

2. 这个家长做事情有点"糊涂"——"你主动给我打电话，却不知道我是谁，就不能提前确认好了再打电话吗？"

事实上，此类反问式的通话开场白，是不符合电话礼仪的。那么，给新班主任打电话时，应该如何开场呢？

其实很简单，家长应该把握好两个原则。

第一，首先要亮明自己的身份，进行简单的自我介绍。

或许有些家长会说："既然我知道班主任的身份，那班主任也应该知道我是谁，我为什么还要再自我介绍呢？"

其实，这需要家长理解一下——家长对班主任，是一对一的沟通，你的孩子只有一个班主任；但班主任对家长是一对多，一个班主任要同时与好几十位家长打交道。作为一位新班主任，偶尔不太确定你的身份，其实是正常的。

为了提高沟通效率，我们不妨先亮明自己的身份，并简单进行自我介绍。

家 长："老师，您好，我是王芳的妈妈。"

这也是一种礼貌，能够迅速拉近与老师的距离。

第二，寒暄要简短、适度，快速切入主题。

新班主任上任之初，是最忙的时候，所以在沟通的时候，要以效率为先，尽量做到简单寒暄，直奔主题。

可以这样说：

家 长："得知您成为 ×× 的新班主任，我很高兴。因为听上一届学生说，您教学经验丰富，认真负责。相信在您的指导下，×× 和同学们都能更好地成长。我这次给您打电话，想了解 ×× 最近在学校适应得怎样？学习上有没有什么困难或者需要改进的地方？"

"不好意思，打扰您了。王芳生病了，需要到医院检查身体，所以向您请假一天。"

总之，与新班主任沟通的要点是"介绍自己＋简短寒暄＋直奔主题"，这才是兼顾效率与效果的话术。

通知性消息要回复

——老师，信息已收到

一天晚上，张明敏的班主任在家长微信群里发消息：

"各位家长，晚上好！刚接到学校领导通知，明天举办社会实践活动。活动时间为上午8点，大家在校门口集合，不需要带书本，请家长们转告学生，并确保孩子按时到达。收到请回复。"

众家长纷纷回复"收到"。张明敏妈妈看到后没太在意，心想："我等会儿再回复吧！"随即把手机放到一旁。

过了15分钟，班主任打来电话……

其实，许多家长对于频繁地发通知消息，颇有微词。但你需要明白，很多通知是由学校甚至教育局统一部署下发的，并且要求教师必须落实到位，让每位家长都能知晓并反馈。

这个时候，班主任发通知，只是他工作流程中的一环。如果哪个家长没有回复，按照规定，必须单独通知。否则，班主任根本不知道你是否看到通知，是否了解该事情。所以，从配合和支持老师的工作的角度，家长是有必要回复的。

况且，一些通知事关孩子的生活、学习以及需要参加的各项活动，如果不回复，可能影响孩子的后续表现。

那么，如何回复这些通知性消息？我们要遵循以下几个原则。

第一，回复要简洁明了，表明自己的态度或计划。

收到一般性的通知消息后，直接确认收到，并表达感谢或支持就可以了。可以这样说：

家 长："收到，老师辛苦了！"

"已知晓，感谢老师的提醒！"

话不要太多，家长回复通知性消息的目的只有一个——让班主任知道"我知道了"，除此之外，其他的都不重要。

收到需要家长做出具体回应或行动的通知消息后，应该明确表明自己的态度或计划。

可以这样回复：

家 长："好的，我们会按照要求准备相关材料。"

"明白了，我会和孩子一起完成这项任务。"

有些通知性的消息需要家长主动计划。对于这类通知性消息，把自己的计划告诉班主任是最好的。

第二，若有疑问，及时沟通。

如果你对通知性消息有疑问，不要沉默不语，更不要胡乱猜测，一定要及时和班主任沟通。

可以这样说：

家　长："老师，我对这个通知中的某一点不太明白，能否请您再解释一下？"

总的来说，通知消息虽然是"广而告之"，但我们切不可"视而不见"，一定要记得及时回复！

第三，认真阅读，切勿不走心地提问题。

需要注意的是，对于班主任发布的通知性消息，一定要重视起来，认真阅读，切不可粗心大意。事实上，很多家长阅读消息时并不走心，明明其中包括时间、地点、事件、注意事项等关键要素，他们却"看不到"，仍一个劲儿询问："老师，这个活动在哪里举行？""家长需要参加吗？""孩子们需要带什么东西？"……这样，怎能不引起班主任的反感？

另外，如班主任备注"此消息不用回复"，那就不要回复。

临时偶遇不要躲

——没想到在这儿碰到您

在超市购物时，李婷的妈妈意外遇见了孩子的新班主任。她本想上前打招呼，却发现班主任似乎没看到自己，于是心想："哎，碰到班主任，也不知道聊什么，只能尴尬地寒暄……他既然没看见我，那我也假装没看见他吧。"

接着，李婷的妈妈便快速转了个弯，消失在班主任的视野里……

在大街上碰到孩子的新班主任，到底应该怎么办？

很多家长认为，与班主任"不太熟"，见了面也不知道说什么，而且又是在公共场合，脱离了双方既有的角色定位，感觉更加尴尬了。所以，这些家长，尤其是性格内向或有社交恐惧症的家长，便会选择躲避。

其实，完全没有必要这样。如果班主任也看到了你，你刻意躲避，反而显得不懂礼节，给对方留下不好的印象。

既然偶遇了，我们可以利用这个机会，与班主任寒暄和交流一下，加深好的印象，拉近彼此的距离。

那么，如何与班主任进行沟通并避免尴尬呢？

第一，主动打招呼。

由于你们之间的接触比较少，班主任可能对你不熟悉，拿不准你到底是谁："这好像是我们班同学的家长，但究竟是谁的家长呢？他姓什么？叫什么？糟糕，完全忘掉了！"

正是出于这个原因，家长应该积极主动地打招呼，让老师了解你和孩子，并留下好印象。可以面带微笑地说：

家　长： "刘老师好！我是王欣欣的家长。真巧，能在这里遇到您。"

第二，避免深入交流。

由于是下班时间，家长只需打个招呼，简单寒暄几句就好了。记住，在这个时间，千万不要和班主任聊关于孩子学习、在校表现等问题。

可以聊一些比较浅层的问题，比如：

家　长： "王欣欣（孩子名字）最近在家里还挺乖的，希望在学校也能让您省心。"

我们也要尽量避免在公共场合讨论孩子的成绩、行为问题，以及其他可能引起尴尬、不适的话题。

但正所谓"法无定法"，在一些特殊情况下，家长也需要改变沟通策略。

1. 如果班主任看起来比较忙碌或者有其他事情要处理，只需打招呼就可以了。可以说：

家　长： "李老师，看您正忙，跟您打个招呼，先不打扰您了，再见！"

如果班主任正在打电话，只需点头、微笑就可以了。

2. 如果班主任主动提起孩子学习的具体问题，就要利用机会深入沟通。

如果班主任主动提及孩子在学校的一些问题，那么就是他认为这个问题很重要，需要抓住机会和家长沟通。这个时候，家长要马上进入"沟通大事"的状态，用比较严肃、深入的方式，来回应班主任的话题。

不要纠缠生活细节

——生活的事儿我们家长自己负责

　　周楠感冒刚好，妈妈比较担心他再受凉，于是给班主任打去电话，想要交代几句。可是，刚响两声，电话就被挂断了。

　　周楠的妈妈没有放弃，又打了一次。响了好几声，班主任才接电话。

　　电话一接通，周楠的妈妈便说："老师，我是周楠的妈妈。孩子这两天感冒刚好，有些畏寒，麻烦您提醒他穿外套啊……"

　　班主任有些严肃地说："周楠妈妈，现在正在上课，这点小事请不要在上课时间打电话。"说完，就挂断了电话。

　　事后，班主任下发通知：家长除非有急事，尽量避免在上课时间打电话；孩子已经上小学，并不是在上幼儿园，老师的职责是教学，不是给孩子当保育员，家长要教会孩子自理和自立。

　　周楠的妈妈心想："这是针对我吗？"

老师，我有点事要嘱咐你，我家孩子……

我是老师，不是保姆啊……

小学生已经可以自理啦

纠缠细节，是很多孩子刚上一年级、与新班主任刚开始沟通的家长比较容易犯的错误。之所以会犯这样的错误，是因为家长还没有脱离与幼儿园老师沟通的模式。

事实上，幼儿园带班老师与小学班主任在职责上有很大的不同。幼儿园老师的工作职责是保育和教育相结合，保育工作大于教育工作。

小学老师的工作职责是教书育人，关注学生的学习进度、作业完成情况以及考试成绩，对孩子进行德育、体育等方面的教育。也就是说，孩子穿衣、喝水等生活细节问题，是家长需要关注的，班主任可以代为关照，但那不是他的主要工作。

所以，家长与班主任沟通的时候，不能总是"纠缠"这些问题，无故给班主任增添麻烦。而且，要注意与班主任的沟通频率，不能像与幼儿园老师沟通一样，一天打两三个电话，更不能不分时间和场合地给班主任打电话。

与小学新班主任沟通，我们应该掌握以下两个原则。

第一，改变思路。

孩子上小学之后，主要任务是学习文化知识和各种技能，所以家长要改变思路，不要总是纠结穿衣、喝水等生活细节问题，而应该关注孩子的学习状态、学习进度、学习成绩，以及良好行为习惯、品德品性的养成等问题。

家长还要注意提升孩子的自我管理能力，教会孩子自理、自立和自律，引导孩子适应小学生活。

第二，改变频率。

与小学班主任沟通，除非有特殊原因，不要每天都打电话、发微信，更不要在一天之内打两三个电话交代和强调一些细枝末节的事情。

如果你转变不过来，时不时给老师打电话："老师，您好，我儿子在学校表现得怎么样？上课淘不淘气？""老师，他淘气的话，您一定好好管教。""老师，他要是还不听话，您一定和我联系……"

班主任会不胜其烦，甚至对孩子和家长都产生不好的印象。

正确的做法是，定期——如一周——与班主任沟通一次，沟通孩子学习、习惯等方面的问题，或者遇到具体问题或麻烦之后，再与班主任进行沟通。

总的来说，与小学老师沟通和与幼儿园老师沟通在工作职责、教育重点、沟通内容与频率、沟通方式与技巧，以及学生特点与需求等方面都存在一定的差异。这些差异要求家长在与不同阶段的老师沟通时采取不同的策略和态度，以达到更好的沟通效果。

微信不要发语音

——连发三条长语音，班主任有点儿不高兴

　　一天，张扬的妈妈听说孩子的座位有些偏，看不清黑板上的内容，于是给班主任发去微信。为了表示礼貌，她先是说了一些客套话："老师为孩子们操心，很是辛苦……"

　　然后，是一条长达60秒的语音，说了一些感谢的话，包括感谢老师对张扬生活、学习的照顾，尤其是对张扬上次生病时给予照顾的感激。

　　说完感谢，这还没完，她又说孩子最近成绩下滑了，抱怨看不清黑板，等等。最后，她才点明主题："老师，我希望您给孩子调换一下座位。"

　　结果，班主任好像很没耐心，只回复了一条信息，且口气生硬地说："这件事情牵一发而动全身，希望家长理解……"

微信聊天已经成为现代社交的主要方式，但是有一类聊天方式却令人厌烦，那就是一方疯狂地发长语音消息。人们之所以讨厌微信长语音留言，是因为对方的做法有点"方便自己，麻烦别人"的意味。

对于发送消息的人而言，语音消息自然方便，但是对于接收消息的人而言，语音消息，尤其是长语音消息，会带来以下不便。

1. 接听时机的不便。在会议中和安静的公共场合，接听语音消息是非常不方便的。这很容易打扰他人，让人感到不悦。而且，语音消息是个"盲盒"，谁也不知道这个盲盒里会"放出来"什么内容。

2. 信息读取的不便。与文字信息相比，语音信息的有效密度比较低，可能存在中途停顿、进行多次修改的情况。同时，还存在语速过快、语言环境不好等情况，这无疑会给信息的有效读取造成障碍。

如果对方想要有效读取信息，就不得不花大量时间全神贯注地听，既浪费时间，又浪费精力。

总的来说，家长给班主任发送语音消息，是一种不太规范的沟通方式，文字才是最有效的表达方法。同样的内容，用文字来表达，不但更加简明扼要，还凸显了对班主任的尊重。因此，家长与班主任用微信沟通的时候，尽量避免发送语音消息，尤其是长语音消息。

当然，除了上面所说的不要给班主任发一条条长语音信息之外，家长还需要注意以下几点。

第一，不要用"在吗"作为开场白。

许多家长在和班主任微信沟通时，喜欢先问班主任"在吗"或者"方便吗"，其实大可不必。如果有要紧的事情，可以直接陈述。在大多数情况下，开门见山才是高效的沟通方式，层层递进的沟通方式，反而会造成一些沟通上的障碍。

第二，不要碎片化发言。

微信沟通，切忌碎片化发言。所谓的碎片化发言，其实就是"不把话一次说完"。比如，某家长给班主任发消息：

家　长： "李老师，您能把某某任课老师的联系方式给我一下吗？"

这就是典型的碎片化发言，班主任收到你的消息时，一定会想："他要任课老师的电话干什么？有什么事儿不能跟我说吗？"如此一来，家长的目的不一定能达到。

正确的说法是：

家　长："李老师，孩子的科学课学得不太好，最近换了新的科学老师之后，进步很大，对科学的兴趣也很高涨。我想表达对科学老师的感谢，但是由于之前无缘得见，所以没有该老师的联系方式，您方便提供一下吗？"

只有将一件事情的全貌都展现给班主任，才不算是碎片化沟通，才能达到更好的沟通效果，希望家长能理解其中的区别。

第三，不要直接发起语音或视频聊天请求。

如果没有提前约好，或有紧急情况，尽量不要直接打语音或视频电话。因为你不知道对方是否方便接听，是否愿意接听。

第二章

介绍孩子，
应该这么说

正确介绍孩子是非常有必要的。首先，我们需要客观、详细地介绍孩子的性格特点、优缺点、行为习惯等信息；其次，做到只说实话，不贴标签；最后，实现信息共享，打破沟通壁垒。

不要一味贬低

——这孩子缺点多，您可得好好管他

> 家长会后，小华的妈妈来到班主任面前，想让班主任多关注孩子。只听她开口说道："张老师，我家小华呀，太淘气了，老是捣乱。您多操点心，多监督和管教他，别让他影响其他同学。"
>
> 张老师听后微笑了一下，说道："其实，小华很有创造力，只是需要一些引导。"
>
> 小华的妈妈又接着说："他还比较贪玩，成绩也不好，您就严厉些吧！"
>
> 张老师稍稍沉默了一下，回答道："我觉得咱们还是要多看到孩子的优点……"

刚刚入学时，家长难免需要向班主任介绍自家孩子。这个时候，有些"过度谦虚"的家长，往往喜欢强调孩子的"缺点"，就像小华的妈妈一样，喜欢"揭孩子的老底儿"，张口就是："我们家孩子淘气、贪玩、不专心……您可得好好管他！"

这样做的目的，可能是希望班主任帮助孩子改正缺点，让孩子进步。目的虽是好的，但方法却是错的。原因在于：

1. 很多家长自认为了解孩子，已经把孩子的个性、脾气和行为摸得很清楚，但他们并不是真的了解自家孩子，或者说并不完全了解孩子。

事实上，孩子有很多面，有的孩子在父母身边时淘气、调皮、不讲理，在学校则乖巧、遵守纪律，表现得非常好。所以，家长在没弄清楚孩子在学校的表现之前，轻易说出"淘气""贪玩""不专心"等缺点，容易给孩子贴上负面标签。

2. 很多时候，负面的评价特别容易被强化——孩子有点淘气，家长和班主任强调孩子淘气后，会给班主任留下不好的印象。一旦班主任发现孩子有些淘气的行为，就会固化这种印象："看来这个孩子真的很淘气，怪不得家长会向我强调这一点呢！"

这也会给孩子负面的暗示，进而强化他"淘气"的行为，使其不良行为愈演愈烈。

父母的负面评价不利于班主任全面了解孩子，更不利于孩子形成良好的行为习惯。这对于孩子而言，是不公平的。

那么，我们应该如何向班主任介绍自己的孩子呢？要把握好以下两个原则。

第一，先讲优点，后讲缺点。

介绍孩子时，可以先把孩子的优点告诉班主任，给班主任留下良好的第一印象。可以这样说：

> **家　长：** "孩子做事情很执着，就连玩个小玩具，也要把背后的原理搞明白才肯罢休。希望他这个优点也可以用在学习上。"

当然，不是不能说孩子的缺点，而是要把缺点放在后面讲。这样，既把信息传达给了班主任，也不会给班主任留下"缺点突出"的坏印象。可以这样说：

> **家　长：** "不过，这孩子有一些小缺点……"

第二，不下"结论"，不贴标签，尤其是负面标签。

很多家长喜欢给孩子下结论、贴负面标签。

比如，孩子只是偶尔有些懒散，做事情时不太积极，家长就轻易下了结论：

家　长："这个孩子太懒了，不管做什么事情都不积极！"

或者，孩子只是没有掌握记忆方法，记东西比较慢，家长便给他贴上负面标签：

家　长："老师，我家孩子太笨了！"

家长不知道的是，这些结论和评价会给孩子带来很深的伤害，让其失去自信和自尊，进而真的变成"懒惰""愚笨"的人。同时，这也会导致班主任不能完全发掘孩子身上的优点，影响老师对于孩子的正确引导和教育。

因此，对孩子这些带有主观偏见的评价，家长最好不要讲。即便孩子身上有些缺点，也要让老师在教育实践中自己去发现。而且，很多时候，你认为的缺点，在老师看来并不算是缺点，还可能是优点。比如，你认为孩子固执，在老师看来，可能是执着、有毅力。

表达切忌笼统

——我们家孩子很懂事

家访时，班主任想了解李明的基本情况，李明的妈妈迫不及待地说："老师，我们家小明很懂事，从来不惹麻烦，您放心！"

老师微笑着点头，礼貌地回应："嗯，懂事是好事，那您觉得他在学校需要加强什么呢？"

小明的妈妈愣了一下，说："呃，就是希望他继续保持吧，反正他很听话。"

老师心想："就不能聊点儿具体的事儿吗？"

很多家长介绍孩子时，只是笼统地说孩子"聪明""懂事""爱看书"等。这的确能体现孩子的性格特点，但表达太笼统了，泛泛而谈，不足以让班主任全面、有效地了解孩子的性格特征。

更何况，一些家长看自家孩子，往往使用"滤镜"。虽然他们是最了解孩子的人，但是对孩子的评价并不客观。正因为这样，很多班主任听到家长评价孩子"如何乖""如何懂事"之类的话，往往会认为没有太高的可信度。

那么，作为家长，我们如何才能让班主任相信自己所言非虚呢？其实方法很简单，就八个字——拒绝笼统，具体详细。就是说，先概括孩子的特点，然后说孩子在什么情况下有什么样的行为，做了什么样的事情。

具体来说，可以把握以下三个技巧。

第一，举出具体事例，以事实为依据，让话语显得更客观。

同样是介绍孩子的某个优点，一个家长笼统概括，另一个家长举出具体事例，以事实为依据，其效果完全不同。比如：

甲家长："我儿子特别喜欢看书！"

班主任心想："嗯，我也不知道你说的是真是假……"

乙家长："我儿子喜欢看书，每天按计划阅读两个小时，有老师推荐的课外阅读书目，也有自己挑选的书籍。这学期，他已经看了十几本书，前段时间还在看《西游记》，也不知道他这个年龄能不能看懂……"

班主任心想："嗯，不错。看起来，这孩子确实喜欢看书。"

很明显，后者的话显得更客观，更有依据，能让班主任产生良好且深刻的印象，并对家长的话深信不疑。

第二，全面介绍孩子，突出重点。

介绍孩子时，不能只说某一个方面，而是要从多个方面进行全面而详细的介绍，包括孩子的个性、习惯、优缺点、兴趣爱好等方面。

可以这样介绍：

家　长："老师，您好，我家孩子是个开朗、爱运动、懂感恩和关爱他人的孩子，不过他也有一个缺点，那就是做事粗心，没什么条理性。他个性开朗……说到爱运动……"

第三，诚实直接，不夸大事实。

需要注意的是，介绍孩子时，要直接描述孩子的行为和表现，不能为了给班主任留下好印象而弄虚作假，更不能夸大事实。

过分强调孩子的性情

——孩子感知力强，别人的话都放在心上

李乐平时比较敏感，于是爸爸与班主任沟通时，特意强调了这一点："张老师，李乐这孩子特别敏感，一批评就泄气。您能不能稍微注意点，别太严厉了？"

老师点点头，回答："好的，我会留意他的情绪反应的。"

李乐的爸爸放下心来，继续说："其实，我们还比较担心他这一点，他平时一被批评，情绪特别容易低落，这很容易无法应对各种压力……"

老师温和地回应："我明白了，我们会努力找到更合适的沟通方式。"

爸爸满意地点头，却没意识到，沟通中一味地提孩子的性情问题，反而给老师与孩子沟通增加了难度，还容易让班主任忽略孩子的其他问题。

老师，我家孩子比较敏感，您多担待。

我会注意的。

敏感这个问题，很难办啊……

不如给些实际建议

　　班主任最头痛的事情不是帮助孩子提高学习成绩，而是要照顾"性情另类"的孩子的情绪与心理。

　　比如说：

　　在班级中，有些孩子特别敏感，即便犯了错误，也不能严厉批评，甚至一批评就哭；

　　有些孩子自尊心很强，凡事都想争第一，这本来是好事儿，但是如果他们争不到第一，就闹情绪、耍脾气，甚至"摆烂"；

　　有些孩子常常我行我素，把老师的话当耳旁风，更令人烦恼的是，这类孩子的家长常常会说："孩子就这样，我们也管不了……"

以上这些孩子，往往是班主任重点关照的对象，但关照的方向主要是照顾他们的情绪，防止孩子情绪过激惹出大麻烦。如此一来，对于孩子成绩的关注度就特别容易被分散。

所以，家长不要对班主任过分强调自家孩子的性格与众不同，因为类似的表达，会让班主任头脑中亮起一盏红灯，下意识地觉得这个学生可能"有些另类"。而且，在大多数情况下，孩子的性格虽然各有不同，可远没有达到需要特殊关注的程度，家长也没有必要向班主任介绍此类问题。

向班主任介绍孩子的性格时，家长要遵循两个基本原则。

第一，委婉介绍，避免过分强调"性情"。

介绍孩子时，要尽量避免使用贬义词和过分强调"性情"，可以换一种说法，委婉地说出孩子的个性特点。可以多用褒义词或中性词。比如：

内向不要说内向，说文静；

外向不要说外向，说积极；

敏感不要说敏感，说感知力强；

眼里容不得沙子不要说较真，说追求完美、是非观很强……

合理应用褒义词，既让班主任了解了孩子的性格特点，也不至于给班主任留下不好的印象。

第二，只介绍性格，不"推荐"方法。

有些家长强调孩子的"性情"，其实背后隐藏着一个目的——希望老师能按自己所说的方法去教育孩子。就像案例中李乐的爸爸，就是希望班主任能像自己一样包容孩子，别对孩子过于严厉。

但是，家庭教育和学校教育存在本质上的区别。班主任不可能像家长一样溺爱孩子，更不会完全按照家长的方式来教育孩子。

因此，家长介绍孩子时，可以介绍孩子的个性、行为习惯，给老师一些"参考意见"，但是不能试图把自己家庭教育的方法强加给老师。只有认清家校教育的区别，尊重教师的专业性，并积极配合，才能把孩子教育好。

传递监管信息

——爷爷负责接送，我负责学习

赵欢总是不能按时完成家庭作业，无奈之下，班主任给他爸爸打电话，说明了情况。爸爸很抱歉地说："老师，您说的问题我们会重视，不过我现在在外地出差，等我回家就好好和赵欢谈谈。"

过了一段时间，赵欢的情况没有任何改善，班主任只好给赵欢的妈妈打电话，说明情况。赵欢的妈妈的态度也很好，说："对不起老师，给您添麻烦了，最近我工作太忙，总是加班，我抽时间回家批评他，以后多监督他。"

班主任老师心想："你们家到底是谁在负责孩子的学习啊？！"

目前普遍存在这样一个现象：父母工作比较忙，谁都没有时间管孩子的学习问题，导致班主任想与家长沟通却不知道找谁，或者找谁都不管用，每个人都是敷衍地说"会管孩子"，使得沟通毫无效果。

以后学校有事直接联系我就行。

好的。

赞

精准传递信息

还有一种情况是：孩子平日里的接送、开家长会，都是由爷爷奶奶、姥姥姥爷负责的，但是具体的学习问题，又是由爸爸妈妈负责，或者爸爸负责接送孩子，妈妈负责孩子的学习。

这就造成班主任"接触到的人不管事，管事的人接触不到"的局面，不但给班主任的管理工作造成比较大的困扰，也不利于双方进行和谐、有效的沟通。

那么，如何解决这个问题呢？很简单，明确责任人，及时与班主任沟通。

我们都知道，两个"单位"开展合作，最重要的事情就是先把"对接人"搞明白，让对方知道有问题应该找谁"接洽"。家庭和学校的教育合作同样如此，家长在介绍孩子的时候，一定要说明家庭情况，并把哪个家庭成员主要负责家校对接清楚明白地告诉班主任。

具体来说，家长一定要做好三件事。

第一，明确责任人，选定与班主任沟通的对象。

即便家长工作繁忙，也需要选定与班主任沟通的对象，不能推卸责任，如爸爸说"妈妈负责孩子学习"，妈妈说"你找他爸爸吧"，更不能在与班主任沟通时敷衍了事，只附和老师说的话，不切实解决问题。

第二，提前传递监督信息。

家长一定要提前把家庭里的教育情况、监管信息向班主任说明。

比如，可以这样对班主任说：

家 长： "孩子平时接送都是爷爷奶奶负责，但学习上的事是我负责的，您有什么问题直接给我打电话，随时打都可以。"

"老师，平时我接送孩子较多，妈妈负责孩子的生活起居和学习，关于接送的问题，您可以和我联系，关于学习的事，您和孩子的妈妈联系，可以吗？"

如此一来，班主任就知道有了问题该找谁，可以省去很多沟通上的麻烦。

第三，"负责人"要和班主任定期沟通。

如果家庭出现"与班主任接触的人不管事，管事的人与班主任接触少"的现象，那么管事的人就要养成定期与班主任沟通的习惯。这样做的目的，一是及时获取有用的信息；二是向班主任传达一个信息——虽然我对孩子的日常起居照顾不到，但是对他学校里的事情还是非常上心的。

这样一来，家长才能与班主任进行及时、顺畅的沟通，进而更好地教育孩子。

给出具体的预期

——孩子打算出国念初中

一次校庆活动后，王宇的爸爸找到班主任，热情地说："张老师，您是名师，希望我们孩子能在您的培养下不断进步……"

班主任老师笑着点点头，说："这是我们的本职工作。"

王宇的爸爸说："我就是希望孩子能在您的教育下越来越好，这样我就放心了！"

"得，说了等于没说。"老师心想。

与班主任沟通时，我们除了要介绍自己外，还有必要说出自己的预期。现实中，很多家长会忽略这一环节。

什么是家长的预期呢？其实就是家长对孩子的未来规划，我们要把学校教育也当成这个规划的一部分。比如，有些家长准备等孩子上完小学就送到国外学习，这个时候，我们要把这个信息告诉班主任：

家　长："李老师您好，我们打算等孩子上完小学就送他到澳大利亚上学。"

大多数班主任得到这个消息之后，就会适当地放松其他科目的要求，转而严格要求孩子的英语成绩，并且鼓励孩子多参加一些有助于与外国教育接轨的课外活动。

再如，有些家长希望孩子可以在小学阶段培养一些兴趣和专长，可以对班主任说：

家 长："我们希望孩子能在咱们学校找到自己的兴趣爱好，这样对他的身心健康都有好处。"

班主任自然也会更多地留意孩子的兴趣与专长，并加以培养。

预期管理对于家长和班主任而言都很重要。班主任通过家长的预期，可以判断家长青睐的教育风格，从而做到因材施教。

向班主任介绍自己的预期时，我们主要从三个方面入手。

第一，从大体规划入手。

如果你给孩子设计的人生路线与其他家庭有所不同，比如打算让孩子去国外上学，打算让孩子走艺术专业……那么一定要提前和班主任沟通，班主任会根据你所选择的道路，采取相应的教育方式，而不是用一般的标准去要求孩子。

第二，从教育理念入手。

我们不能干涉班主任的教育方法，但是可以向班主任传达一些教育理念。比如，我们可以和班主任说：

家　长： "希望您严格要求，帮孩子提升整体成绩，弥补一些学科的不足，我们会全力支持。"

"希望孩子能全面发展，提高综合素质。"

这样的话，其实传递给班主任的是家长的教育理念。如此一来，在某些情况下，班主任也会根据家长的教育理念，采取相应的方式、方法。

第三，一定要给出具体的预期。

预期不具体，等于没预期。所以，与班主任进行沟通时，一定要给出具体的预期，而不是笼统地说"希望孩子优秀""希望孩子考上大学"等。可以这样说：

家　长： "我希望孩子的成绩有所提升，然后争取考上××中学。不过，他的数学成绩好像有些拖后腿，且积极性不高，还请老师多多关注和指导……"

朋友圈里"无言"的展示

——积极完成老师布置的任务

　　学校号召各班级举办"环保小卫士"活动。在这样的号召下，王兰的班级举行了"美化环境，从我做起"活动，要求孩子自行组队，美化小区环境。孩子们积极参与，表现都很不错。

　　活动后，王兰的妈妈在朋友圈发了一组照片，配上文字："孩子们参加班级环保活动，干劲十足！看我家小兰，真是棒极了！"

　　照片里，小兰正在认真地捡垃圾、分类，一脸专注。点赞和评论不断，家长们纷纷表示孩子们表现优秀。

　　王兰的班主任也看到了这条朋友圈，笑着想："原来王兰不仅在课堂上表现好，参加课外活动也这么积极。"

　　其实，向老师介绍和展示孩子，不一定非要当着班主任的面表扬孩子，家长完全可以利用好微信朋友圈这个阵地，通过图文并茂或视频的方式，向班主任展示孩子的生活习惯、学习状态以及精神面貌。

这种介绍孩子的方式，有以下两个好处。

1. 润物细无声。公开展示的方式，不但可以达成展示的目的，还显得不那么刻意，不会让班主任感到不舒服。

2. 图文并茂。我们之前说过，向班主任介绍孩子，要讲究语言的具体化、生动化，但是语言再具体、再生动，也比不上图片、视频来更直观，更具有感染力。所以，图文并茂的方式，更能全面展示孩子的形象。

当然，用微信朋友圈展示孩子，也要讲究一定的方式方法。我们需要注意以下两个问题。

第一，分享故事，有针对性地展示场景。

有些家长在朋友圈展示孩子的学习场景，是非常"抽象"的——或是奋笔疾书，或是埋头苦读。这样的方式针对性不强，效果不明显。

聪明的家长则会利用故事性情节，把学习场景和老师布置的任务结合起来展示。比如这样写文案：

今天老师布置了背诵唐诗的任务，虽然孩子很快就会背诵了，但还要默写几遍才安心呢！

然后，配几张照片展示孩子背诵、默写的场景，或者录制相应的视频。如此，才更有针对性，效果更好。

需要注意的是，展示孩子的时候，要注意用词的恰当性，避免使用过于夸张或宣扬的言辞；要注意真实性，避免让孩子"表演"，否则很容易适得其反。

第二，小心谨慎，避免出现不适合的信息。

家长们需要知道，并不是所有的东西都适宜出现在朋友圈。一旦出现不合适的信息、人物、场景等，不但适得其反，还会给孩子和自己招来麻烦。

比如：

1. 照片包含学校名称、地址，或者定位的内容，不宜展示，会暴露孩子的行踪，也会让班主任觉得家长做事情"欠考虑"。

2. 不要把带有孩子姓名、班级等信息的奖状发到朋友圈。这除了会暴露孩子的行踪外，还可能给班主任的工作带来一些麻烦。比如，一些家长看到后会抱怨班主任"不公平"，质问班主任："这个奖的评选依据是什么？为什么我的孩子没有获奖？为什么学校不提前通知？"

3. 不要随意把孩子和同学的合照发到朋友圈，这涉及他人隐私，会引起一些不必要的麻烦。

第三章

了解学习情况，
聪明家长这样问

很多家长想了解孩子在校的学习状态、学习成果，以便发现问题、解决问题，结果却一无所获。为什么？原因就在于，他们不懂得如何向班主任提问，问不到点子上，或者提问方式有问题。

带着具体问题去提问

——孩子学习习惯哪方面需要改善

一天，王曦的妈妈突然想起，自己已经好长时间没和班主任联系了。于是，她决定打电话向班主任问问王曦近期在学校的表现。

拨通班主任的电话，王曦的妈妈说："刘老师您好，我是王曦的妈妈。我想问一下我家孩子最近在学校表现得怎么样啊？"

班主任回答道："还可以，表现还好。"

话到此处，王曦的妈妈不知道该说什么了，于是便说："感谢班主任对王曦的照顾。"

班主任说："您客气，应该的。"

王曦的妈妈彻底不知道说什么好了，便以"那就不打扰您了，再见"结束对话。

三言两语，草草了事。

王曦的妈妈做对了一点，那就是——家长需要定期与班主任沟通，询问孩子在学校的表现。

许多家长对"定期沟通"不够重视，或者是缺乏沟通技巧，因此常常会泛泛地问：我家孩子最近在学校表现得怎么样？诸如此类的提问，会把宝贵的沟通机会变成"走过场""没话找话"，非但起不到任何效果，反倒给班主任增添了一些麻烦。这也是王曦的妈妈犯的一个错误。

当我们与班主任沟通的时候，如果话题是泛泛而谈——"我想问一下我家孩子最近在学校表现得怎么样"，这时候，班主任的回答一定也是泛泛的"还可以""很好""不错"……

其实，班主任这么说是"可以预见"的，因为如果孩子在学校真的有什么重大问题的话，不用你问，他会和你主动沟通。孩子在学校按部就班的话，班主任除了"还可以""很好""不错"之外，他又能说什么呢？

事实上，和班主任沟通，应该属于工作沟通的范畴，家长绝不能把其视为"唠家常""聊闲片""走过场"。

既然属于"工作沟通"，就要遵循两个基本要点。

第一，从问题出发。

我们不要没话找话，与家长沟通是班主任的工作，不是班主任的生活，班主任希望可以通过对话解决问题，而不是联络感情，所以家长应该带着具体问题去提问。从具体问题出发，才能把沟通落到实处，双方一起发现问题、解决问题。

所以，我们应该这样问：

家　长："刘老师你好，我是王曦的妈妈，孩子最近学习劲头挺足，但成绩好像提升不大，我想请教您，他的学习习惯有哪些可以改进的地方……"

班主任："王曦学习确实挺认真，要说学习习惯需要改善的地方，就是预习方面要加强。"

老师这样说，"话匣子"才能打开，你可以"顺藤摸瓜"地说：

家　长："我看她平时也预习，您能给点具体的建议吗？"

班主任："预习的时候，首先要做到……"

如此沟通，才有实效。

第二，追求效率。

　　家长和老师沟通，要追求效率。我们要知道，不是说沟通时间短就是有效率，"言之有物"的沟通才有效果，否则，尽说些没用的话，虽然沟通时间很短，但还是低效沟通。所以，我们在打听孩子的大体情况时，也要从具体问题开始。比如：

孩子的学习习惯还有哪些需要改进的地方？

孩子哪些科目学得不错，哪些科目有待加强？

孩子最近上课能积极回答问题吗？

　　家长要带着问题和班主任交流，就要对孩子目前亟须解决的问题有所了解。如果你连孩子在学校的大体情况都不知道，那么就很难找到具体问题。家长要明白，和老师沟通，目的是深入了解孩子的状况，而深入了解的前提，是你有基本认识。如果你对孩子的在校状况缺乏基本认识，沟通是没有意义的。

请教学习技巧

——想学好语文有哪些具体方法

　　某次考试后，王鹏的语文成绩不太理想，于是，王鹏的爸爸与班主任进行沟通："老师，孩子这次考试语文成绩不理想，该怎么办呀？"

　　班主任："其实，语文知识在于平时积累，你可以让他课上认真听讲，掌握好基础知识，平时多阅读，多练习……"

　　没等老师说完，王鹏的爸爸便插话道："他平时也阅读，但是我感觉没什么用。您不知道，他语文成绩一直都不太好，我和他妈妈都着急坏了……"

　　听着王鹏的爸爸滔滔不绝地抱怨，班主任无奈地说："你倒是听我说学习技巧呀！一味地抱怨，孩子成绩能提高吗？"

孩子成绩不好，王鹏的爸爸心里着急，这是可以理解的。但换位思考一下，如果有人一边向你请教问题，一边打断你、否定你，你会是什么心情？所以，王鹏的爸爸的沟通方式显然是不合适的。

同时，王鹏的爸爸没有明确提出具体问题，只是宽泛地说"成绩不好""不知道怎么办"，没有针对具体问题进行深入探讨，这样使得班主任无法给出更明确、更具建设性的建议，结果显而易见。王鹏的爸爸与班主任的这次沟通不仅无效，还会大大降低家长在班主任心里的印象分。

因此，与班主任进行沟通时，一定要保持谦虚和开放的态度，问题要具体明确、清晰明了，避免使用模糊性语言，以便老师能够快速理解并给出明确的回答。

我们要注意运用以下两个技巧。

第一，知己才能知彼，要提出有针对性的问题。

提出问题之前，家长应该先了解孩子某个学科的学习情况，明确问题出现在哪里、缺点是什么，然后清晰明了、有针对性地提问。这样有助于班主任更准确地把握问题，提出更有针对性的解决方案。因此，我们可以这样问：

家　长："老师，您好！我家孩子语文成绩不太好，尤其是写作方面有很多问题，比如内容空洞、喜欢写流水账等。您能不能指点一下，学好语文和写好作文需要注意哪些方面？"

班主任："首先要多读、多写，培养语言感受力；其次，要积极发掘写作题材，仔细观察身边的事物，从生活日常中寻找丰富、有价值的题材；最后，培养写作兴趣……"

家　长："那您觉得哪些书适合他这个阶段阅读？"

班主任："……"

家　长："那如何提升写作兴趣呢？"

班主任："……"

家长们一定要记住，班主任的工作是一对多的。在沟通前明确自己的目的，比如想了解孩子的学习状况，寻求提高某科成绩的方法等，这样才能使沟通更加聚焦和有效。

第二，可以就自己的方法咨询班主任的意见。

沟通时，也可以分享一些自己的想法和建议，与老师共同探讨解决方案。孩子在语文学习中遇到了哪些困难？我们可以采取哪些措施来帮助他提高语文成绩？等等。

可以这样说：

> **家　长**："我觉得××的阅读理解能力比较薄弱，您看，可不可以让他多做一些这方面的专项练习？"
>
> **班主任**："这个方法不错。做专项练习时，还可以做一些提高写作能力的加强训练……"

沟通是一门有来有回的艺术。如果在与班主任沟通时，只让老师唱独角戏，我们能得到的回复与建议很可能不够全面。如果我们能适时给出自己的想法与建议，不仅能展现出我们对沟通的重视，也能在一定程度上引发班主任的表达欲，同时为后续建立与班主任的沟通机制打下良好基础。

解决学习痛点
——孩子做移项题特别容易出错

　　检查李杰的作业时，妈妈发现孩子并没有很好地理解解方程这一知识点，不但做题速度慢，而且出错率非常高。

　　第二天，李杰的妈妈就找到数学老师兼班主任，急切地说："老师，我发现李杰解方程学得很不好，老是做错题，他自己也很苦恼。"

　　数学老师耐心地回应："他的基础还可以，就是对解题步骤理解得不太清晰。"

　　听了这话，李杰的妈妈立即追问："那我该怎么帮他呢？要不要给他报个补习班？"

　　老师建议："不急着补习，先在家里多练习一下，我可以给他出一些有针对性的题目。"

乍一看，李杰的妈妈的沟通方式没什么问题，她注意到了孩子在解方程方面存在的困难，并主动与老师沟通，表明她关心孩子的学习，并愿意积极寻求解决方案。同时，她的态度也是诚恳的。

但事实上，在这次与班主任的沟通中，李杰的妈妈犯了两个大多数人经常犯的错误。

1. 过于急切，过于情绪化

一发现问题，就急于与老师沟通，没有仔细分析孩子为什么会出现这样的问题，也没有思考问题的严重性。另外，在老师尚未提供具体建议的情况下，李杰的妈妈就急于提出报补习班的想法。这样一来，很容易让老师感受到压力，同时不利于双方平静、理性地讨论问题。

2. 未详细描述痛点

只是简单地说解方程的知识点掌握得不好，出现了做题慢、错题多的问题，但没有指出具体的痛点——为什么会做题慢、错题多，致使老师无法掌握有效信息，进而无法给出有效的建议。

因此，我们需要从以下几个方面入手。

第一，保持冷静，要有耐心。

与班主任进行沟通时，我们需要尽量保持冷静，有足够的耐心，避免情绪化的表达。这样不但可以营造一个更加和谐、理性的沟通氛围，还能有效地表达信息，避免老师反感。

第二，详细描述痛点问题。

与班主任沟通时，应该尽量清晰地描述孩子在学习中遇到的痛点问题，包括具体问题、表现形式以及孩子的感受等。

可以这样说：

家　长： "老师，我发现李杰没有学好解方程，在移项和运算过程中，容易出现符号错误，比如正负号的变化。我让他做了很多这方面的练习题，但他还是改不了这个毛病，他自己也很苦恼。"

班主任："理解大于练习，这种题海战术可能根本无法解决核心问题。我们可以尝试把复杂的问题简单化……"

详细描述孩子存在的问题，让老师了解痛点在哪里，才能更精准地帮助孩子解决问题。

第三，利用对比凸显问题。

提出痛点问题时，可以利用与之前的学习状态对比，来凸显孩子所面临的困扰。可以这样说：

家　长："之前，学习四则运算的时候，孩子的计算速度快，正确率高，在解方程上他是不是没有掌握运算技巧？您是否能传授一些关于移项、去括号等方面的技巧？"

在条件允许的情况下，鼓励孩子直接与老师沟通，表达自己的困惑和需求。这有助于增强孩子的主体意识和自我解决问题的能力。

询问课堂状态

——孩子最近在课堂上专注/活跃吗

杨颖的专注力不强，上课时不是走神，就是做一些小动作，做作业时也坐不住，喜欢东张西望，有时还偷偷玩玩具。为了让孩子改掉坏习惯，养成好习惯，妈妈在暑假给她报了"专注力训练班"，并在开学前对她进行了"思想教育"。

新学期开始后，妈妈想了解孩子的课堂表现，走神、不专注的情况是否有所改善，于是找机会询问班主任："老师，杨颖的课堂表现好不好？"

班主任心想："这我怎么回答？说好吧，哪个孩子没有要提高的地方？说不好吧，杨颖最近也没犯什么大错。不说具体些，我哪知道你想问学习态度还是守不守纪律……"

于是，班主任只能含糊地回答："嗯，这孩子表现还行……"

老师，有没有办法提高孩子在课堂上的专注力呢？

提供安静、整洁的环境，制定科学合理的时间表，少玩手机……

直接询问

效率加倍

直接向班主任询问孩子的状况并没有错，但杨颖的妈妈的问题不够具体。"课堂表现好不好"，是一个非常宽泛且主观的问题，更为重要的是，"好不好""行不行"这类封闭式问题，很容易把天聊"死"，容易让班主任只给出"好"或"不好"两种回答，进而促使我们很难得到自己想要的答案。

而且，当我们与班主任沟通时，会在潜意识里认为孩子的表现不佳，而"一般"的回答往往会被我们当成安慰，从而误解为"不好"，这会在无形中给班主任施加压力，影响沟通的有效性。

所以，与班主任沟通时，需要换一种提问方式，引导班主任进行更有针对性的回答。

具体来说，可以从以下两个方面来完善我们的提问方式。

第一，避免封闭式问题，采用开放式的提问方式。

与班主任沟通时，一定要避免提出封闭式问题，要尽量明确自己的需求，采用"能具体说说……""最近有没有发现……"等开放式提问，以便为班主任解决问题提供更多关键性细节，进而对症下药。

比如，可以这样问：

家 长："老师您好，孩子在课堂上的听课状态如何？在专注力提升方面，还有哪些需要完善的地方？"

"孩子在课堂上的参与度如何？"

"孩子的专注力是否有所提高？有没有频繁地走神？有没有私下做小动作，与身边的同学交头接耳？"

"孩子有没有在某些学科上表现出特别的兴趣或遇到困难？"

我们提出开放式问题后，大多数班主任不仅会给出答案，还会提供相应的解决方法。

班主任："孩子最近表现不错，专注力有所提升，但在数学课上偶尔会走神。我建议，您可以多培养一下孩子在数学方面的兴趣……"

开放式的沟通状态，不仅跟环境有关，还与沟通方式有关。

第二，直接抛出问题，询问班主任的看法。

家长对于孩子状态的变化，感知是最直观的。一般来说，家长询问孩子的课堂状态时，其实已经掌握了某些信息。比如，孩子跟同桌闹矛盾了，或者是孩子感觉跟不上教学进度，挫败感严重。这个时候，我们就要向班主任直接抛出自己的问题，并询问他的看法与建议。

比如，我们可以这样说：

家　长："老师，孩子最近好像跟同学有点矛盾，总是精力不集中，这会影响孩子的课堂状态吗？"

换句话说，家长也是班主任掌握学生状况的重要信息来源之一，家长在向班主任表达孩子身上出现的具体问题时，也在帮助班主任更全面地掌握班级情况。只有家长与班主任共同努力，才能让孩子变得更好。

最后，需要注意的是，沟通结束后，一定要向班主任表示感谢，认可其工作的重要性和为孩子付出的努力。同时，如果有任何新的想法或建议，也可以适时提出，促进家校合作的良性循环。

以"汇报"取代"提问"

——孩子最近特别喜欢看小说

最近，妈妈发现刘磊总是抱着一本小说看，就连吃饭都不肯放下。妈妈担心刘磊看上瘾，影响学习成绩，于是便准备向班主任询问一下。

不过，她没有直接提问，而是委婉地说："李老师，最近刘磊特别喜欢看《××》这本小说，抱着它不放手。这本书适合孩子看吗？"

李老师微笑着回答："那本小说是语文课外阅读的推荐书目，孩子认真阅读，证明他对学习很上心。不过，家长应该告诉孩子合理分配时间，不能耽误学习，也不能影响睡眠……"

妈妈点点头，表示理解："嗯，我了解了。之后，我会和他好好沟通，引导他合理安排阅读时间。"

用"汇报"取代"提问"

　　案例中，刘磊的妈妈采用了"汇报"代替"提问"的沟通技巧，保持了沟通的开放性和互动性，促使与班主任的沟通更高效，很值得家长们借鉴。

　　其实，与提问相比，汇报传递的信息更加透明和全面。它侧重于直接提供信息、事实，可以用最短的时间让班主任清晰地了解孩子的近况，并对自己的工作进行调整。

　　当然，向班主任进行"汇报"时，也需要掌握正确的方式方法。

　　案例中，刘磊的妈妈若只是汇报"刘磊特别喜欢看小说，因为看小说时常晚睡"，而没有说出小说的类型和名字，并先入为主地认为孩子"看小说就会耽误学习"，那么就会导致与班主任的沟通并不彻底，无法得到有针对性的建议。关键是，在后续教育孩子的过程中，会因为误会孩子而采取错误的方式方法，引起孩子的不满。

所以说，与班主任沟通时，我们要做到以下三个方面，以便让汇报更高效，让沟通更有效。

第一，事先了解情况，保持客观和中立。

"汇报"前，家长要尽量了解相关情况，包括孩子的具体表现、涉及的书籍或活动的性质等。这有助于向班主任提出更有针对性的问题，获得具体的建议。

在描述孩子的状况时要尽量客观，用具体的事实和例子支持你的观点。比如，不要只说"孩子最近学习不努力"，而是说"孩子上周有三次没有按时交数学作业，课堂参与度也有所下降"。

只是换一种表达方式，在一定程度上便可避免自己的情绪输出，既叙述了客观事实，又向班主任表达了自己的顾虑。

这样汇报，才是真正高效。

第二，简洁明了，实事求是。

汇报的核心，就是提高我们与班主任沟通的效率。所以，我们需要用简短、清晰的语言来表达，直接切入主题，避免冗长的叙述和无关紧要的细节。

家长可以事先整理好要点，用列表或关键词的形式帮助自己组织语言。

第三，积极回应，主动寻求反馈。

我们向班主任汇报孩子状况的目的，是寻求积极的建议，所以不要为了汇报而汇报。得到班主任的回复后，可以主动询问班主任的看法和建议。这不仅能展示你对孩子教育的重视，还可以从班主任那里获得宝贵的指导，拉进双方的距离。

得知《××》小说是语文课外阅读的推荐读物后，刘磊的妈妈还可以这样回应：

家　长： "那太好了，我现在也发愁给他找些什么书阅读。老师，孩子对这种类型的读物很感兴趣，您还有什么书可以推荐吗？"

话匣子只要打开，后续的沟通自然更顺畅。

虽然你是以汇报的形式提供信息，但是也要积极主动地邀请对方给予建议，促进进一步的交流，让老师提供更多有建设性的意见。

可以这样寻求反馈：

家　长： "既然这样，刘磊在课余时间是不是可阅读《×××》《×××》，这几本是同一类型 / 同一作者的作品……"

如果老师给出的答复不符合我们心中的预期，则更要给出积极回应，以便与班主任共同探讨如何帮助孩子克服困难，取得更好的成绩。

正因为要发现问题，并希望解决问题，我们才更需要好好沟通。

咨询成绩、排名

——这次考试是不是更难一些

期中考试结束了，爸爸看到王强好几门成绩不理想，心中又气又急。他严厉批评了王强之后，便给班主任打去电话，询问道："老师，王强这次考试分数怎么这么低？之前他的成绩还可以，数学、英语都能达到 95 分以上……他这次考试在班级里排名是多少呀？"

班主任回答道："对不起家长，现在我们不给孩子排名次……"

爸爸还不死心，说："怎么会不排名呢？这只是明面的说法吧。孩子的成绩如何，在班级里处于什么位置，老师一定知道，您就告诉我吧。"

班主任很无奈，只好用"官方"口吻说："教育局有规定，学校不公布考试成绩和排名。请您谅解。"

很多家长会为孩子的成绩而焦虑，一心想要孩子拿到好成绩，还喜欢拿自家孩子和别人家的孩子做比较。尤其是孩子成绩不理想或有所下降时，更是焦虑不已，急于咨询班主任"孩子为什么考了这么低的分"。

但是，焦虑并不能解决问题，只会因"急"生错，采取错误的沟通方式，进而给沟通造成障碍，同时让自己和孩子都陷入严重内耗。

显然，案例中王强的爸爸就采取了错误的沟通方式。他的错误包括以下两个方面。

1.纠结于名次，并未把重点放在"孩子成绩为什么低"的问题上。

2.在老师明确告知"不允许排名"后，仍一个劲儿地追问，并理所当然地认为"老师肯定知道，就是不想告诉我"。

正因为这样，这次沟通的效果非常差，不但没有解决问题，反而让老师不快。

那么，如何正确地向班主任询问孩子的成绩与排名呢？

第一，不仅要纵向比较，还要横向比较。

孩子成绩下降，可能是因为学习积极性降低、不努力，也可能是因为本次考试有难度，所以，我们不要只进行纵向比较，看到孩子成绩比上次低，就理所当然地认为他不努力、不认真。我们可以尝试将目光放到整体上，看看孩子的平均成绩是高是低。

在咨询成绩时，可以这样说：

家　长："老师，我发现孩子这次考试分数比上次低了30多分。我想了解咱们班这次考试的整体平均分如何？主要原因是他最近学习不努力，掌握知识不扎实，还是这次考试比较有难度？"

班主任："其实，这次考试难度比较大，整个年级的平均分都不高，咱们班很多同学的成绩波动比较大。不过，王强的数学还是和其他人有些差距……"

把孩子的成绩与班级其他同学进行横向比较，从更宽广的视角来理解孩子的成绩变化，比单纯的焦虑、急切，更能让家长了解孩子成绩下滑的原因。

第二，关注孩子未来发展，寻求提高成绩的建议。

一次的考试失利并不能说明什么，我们没有必要将目光完全放在成绩上，而是应该与孩子、班主任一起寻找孩子在哪些科目上存在不足，在特定科目上存在哪些问题，需要如何改进学习方法，或确定学习目标、制订学习计划。

就是说，我们需要关注孩子的未来，询问班主任对于孩子未来的学习有什么好的建议。

比如，得知孩子成绩波动的原因后，我们可以这样说：

家　长："这次考试，孩子的数学成绩不理想，计算题丢了很多分。关于这方面，您有什么好的建议吗？"

第三，避免指责，给予班主任足够的尊重。

我们再焦虑和着急，也不要用指责、质问的语气和班主任沟通，比如质问老师"为什么他分数这么低""老师是怎么教的"……

要知道，尊重是相互的，我们不给予班主任足够的尊重，还奢望后续的沟通顺畅吗？

在沟通过程中，我们要把尊重班主任的意见和学校的政策放在首位，理解班主任的工作压力和困难。我们越共情班主任的难处，班主任也会共情我们的焦虑，并给出相应的建议。

第四章

班主任主动沟通，
话里话外的玄机你懂吗

发现孩子有问题、犯错误，班主任通常会主动
与家长沟通。但为了不伤害孩子和家长的自尊心，
打击他们的积极性，班主任往往会采取委婉的方式
表达自己的想法。这个时候，如果家长未听懂其中
的话外音，就会导致沟通无效。

孩子很聪明，就是不够努力

——孩子的心思不在学习上

某天，班主任找到李华的妈妈，说李华最近学习成绩有所下滑，并对李华的妈妈说："李华很聪明，就是有时候不太努力。"

李华的妈妈喜滋滋地说："这孩子打小就聪明，数学题一点就透，背古诗也比别的孩子快。"

班主任尴尬地一笑，接着说："是的，但他得多努力一些。他最近成绩有些下降，要是努力些，凭他的聪明肯定能把成绩提上去。"

李华的妈妈又说道："没错，没错。就凭他这聪明劲儿，只要多努力，成绩肯定差不了……"

班主任只能无奈地点头。

别着急，你得听听"但是"

案例中，班主任对李华的妈妈说："李华很聪明，就是有时候不太努力。"这句话表面上看似在夸李华聪颖，但言外之意是，"李华学习态度有问题，比较懒惰，不知道努力""如果不多加努力，成绩还会下降""改掉懒惰这个坏习惯，已经刻不容缓"……

但可惜的是，李华的妈妈只听到"孩子聪明""成绩肯定能提上去"，以为班主任是在夸奖孩子，完全错误理解了老师想要表达的本意，导致沟通无效。

事实上，生活中有太多家长会把老师委婉的批评当成对自己孩子的夸赞，从而贻误帮助孩子改正缺点的最好时机。等到孩子成绩一落千丈或不良行为愈演愈烈时，悔之晚矣。

所以，与班主任沟通时，我们要做到以下三点。

1.客观地聆听班主任的话，避免带有感情色彩，少听"好话"，多听"坏话"。

2.听班主任说话，不要只听字面意思，要多用心、多思考，弄明白老师的话外之音。

3.当话中有转折的时候，比如出现"不过""但是""只是"等词语时，要多加注意，并把关注点放在后面的内容。

那么，当班主任指出孩子"聪明但不够努力"时，我们该如何回答才能达成有效沟通呢？不妨试试以下两种方法。

第一，正视问题，表达决心。

在沟通过程中，我们需要认真聆听班主任的每句话，努力理解其背后的真正意图，确认理解无误后，再做出回应。

比如，可以首先表达对班主任关心孩子成长的感激之情，并展现出对班主任所说的话的认同。

家　长： *"非常感谢您对李华的关注，他的确是个聪明的孩子。"*

接着，我们要正视班主任指出的问题——努力不足、比较懒惰等，表达愿意与学校合作、共同帮助孩子改进的决心。

家　长： "您提到的他不够努力的问题，我们确实也注意到了。作为家长，我们会更加关注他的学习习惯，鼓励他更勤奋和专注，把心思多用在学习上。"

这样的回复体面得当，既表达了对班主任的理解与支持，又提出了未来对孩子成长的规划。

第二，深究问题，询问建议。

作为家长，我们仅仅表态是不够的，还需要把孩子存在的问题彻底弄清楚，找到问题的根源，然后积极向班主任请教，寻求有效的解决方法。

可以这样说：

家　长："老师，孩子不够努力，具体表现在哪里？是做事拖延，不按时完成课堂作业，还是逃避学习，经常找借口不参加课堂讨论和学习活动……"

"请问孩子不够努力，是懒惰，还是对学习缺乏兴趣？您有什么具体的建议或者需要我们家长配合的地方吗？我们肯定全力配合……"

我们还可以主动开启话题，询问班主任对于帮助孩子改正学习态度和学习习惯的具体建议，并表达愿意全力配合学校工作，共同为孩子的成长努力。

孩子上课时很活跃

——总是破坏课堂秩序，拿他没办法

一天，王飞的爸爸接到班主任的电话，表示想与家长沟通一下孩子最近在学校的学习进度、课堂表现等情况。

班主任委婉地说："王飞最近学习积极性挺高，作业能按时完成，但上课时特别活跃。"

王飞的爸爸有些迷惑，随即回答道："活跃不是挺好的吗？说明他喜欢上课，态度积极。"

班主任停顿了一下，接着说："是的，但有时候他太活跃了，导致课堂秩序有点乱，影响了老师讲课和同学学习……"

沟通一开始，班主任就指出了孩子的问题——不能安静地听课，过于活跃、闹腾。弦外之音是——孩子总是破坏课堂秩序，家长应该引导和教育孩子改正这个毛病，以免干扰教学秩序和其他同学学习。

孩子上课很活跃……

活跃是好事，说明他态度积极呀！

要会听"言外之意"

但王飞的爸爸并没有听出弦外之音，也没有进一步询问"他的活跃表现在哪些方面"，而是直接按照自己的理解进行回复，导致会错了意、回错了话。

所以，在沟通中，家长应该保持耐心和专注，认真倾听班主任的每句话，尤其是要注意言语中的转折和隐含的信息。首先，我们可以表达对班主任指出问题的感谢，明确表示对孩子在校表现的关心。然后，进一步询问班主任关于孩子具体行为的表现。

如果对班主任的话理解得不透彻，一定要主动询问："孩子是不是扰乱课堂纪律了？"要弄清班主任的真实意图，然后再回复。只有这样，才能确保有效沟通，并及时解决问题。

具体来说，我们需要做到以下几点。

第一，与班主任深入沟通，了解孩子课堂上的具体表现。

家长要与班主任进行详细而深入地沟通，了解孩子在课堂上的具体表现，包括哪些行为被认为是破坏纪律的，以及这些行为发生的频率和情境。同时，询问班主任是否观察到孩子在课堂上表现积极的方面，比如思维活跃、积极参与讨论等。

可以这样说：

家　长："不好意思，老师。我想具体了解一下，孩子在课堂上有哪些不好的行为，是随意插嘴还是和同学交头接耳？这些行为发生的频率高不高？除了这些不良行为，孩子有没有好的表现，比如积极参与讨论等。了解这些，便于我和孩子沟通。"

同时，还需要对孩子的问题进行查漏补缺，询问"孩子还有哪些不足""有哪些地方需要改进"……一定不要羞于提问，只有积极讨论，才能帮孩子改正错误，并有所进步。

第二，积极跟进与反馈。

与孩子沟通之后，要及时向班主任反馈，以便双方共同调整策略，更好地促进孩子成长。比如：

家　长："老师，我已经严厉批评过王飞了，他也认识到了自身的错误，并表示会积极改正。我们制订了一个计划，明确了哪些不良行为需要改正，哪些好的行为应该保持，请您帮忙看看这个计划是否合理？您还有什么好的建议能帮助孩子改正呢？"

同时，请班主任在学校也给予一定的帮助和关注：

家　长："感谢您的建议，我们一定会督促王飞严格执行计划，也辛苦您在学校多监督、支持和帮助他。"

孩子本质上不坏

——又在学校惹事了，很棘手

某天下午，接孩子放学时，张涛的妈妈被班主任请到办公室进行谈话。妈妈知道张涛淘气，心想：这孩子肯定又惹事了！唉，他就会给大人惹麻烦！

来到办公室后，班主任直接开口道："张涛这孩子，本质上不坏……"

妈妈马上接话，为张涛辩解："那是当然，别看他平时淘气，实际上不是坏孩子。"

班主任叹了口气，说："不过，今天他又惹事了，给班级和学校都带来了不好的影响。现在，学校正在处理这件事，希望家长能重视起来，配合我们好好教育孩子……"

案例中，张涛的妈妈急于为孩子辩解的做法是大错特错的。这样的行为，可能让班主任感觉家长并未真正重视问题，或者认为家长在逃避责任。

这也不利于家长了解真实情况，比如孩子犯了哪些错，造成了什么样的后果，进而无法对症下药，有效地解决问题。

事实上，当班主任说孩子"本质不坏"时，说明孩子肯定犯了错，且犯的错性质比较严重。这个时候，家长一定要重视起来，千万不要避重就轻，更不要过于"护犊子"。如果不能给予足够重视，或有意"护犊子"，既不利于与班主任进行有效沟通，又不利于正确引导孩子认识到问题的严重性，进而改正错误和承担责任。

那么，当班主任说"孩子本质不坏"的时候，我们应该如何应对呢？

第一，认识到问题的严重性，向班主任表达重视和歉意。

我们应该保持谦卑的心态，询问孩子究竟犯了什么错，造成了哪些不好的后果和影响，并根据事情的性质和后果，评估错误的严重性，不否认事实，不袒护孩子。

同时，要诚恳地向班主任表达对孩子问题的重视和歉意，表明自己愿意与班主任共同解决问题的态度。

可以这样说：

> **家　长：**"孩子这次犯了严重错误，已经不是淘气的问题，涉嫌违反学校纪律了。真的非常抱歉，孩子的行为给学校和老师带来这么大的麻烦。您放心，我绝不袒护孩子……"

一般情况下，得到家长的明确表态后，班主任的态度会缓和下来，倾向于帮助孩子解决问题，找到问题的症结。

第二，积极承担责任。

孩子的行为造成不良影响或损失时，我们要积极引导孩子承担责任，为自己的错误付出代价，包括道歉、赔偿损失、接受惩罚等。

如果孩子不足以承担责任，我们就需要为孩子的行为负责，承担监护人应该承担的责任。可以这样说：

家　长："老师，犯错就需要付出代价和承担责任。我们会积极引导孩子学会对自己的行为负责，并培养起他的责任感和诚信意识。至于××这一部分责任，已经超出孩子可以承担的范围，我们作为家长一定会承担……"

同时，与班主任一起探讨如何更好地解决问题，包括如何帮助孩子认识错误、改正错误，以及预防类似问题再次发生等。

第三，跟孩子来一次三方座谈。

当局者迷，旁观者清。一些孩子在学校经常与同学发生冲突，只是不知道如何正确表达自己的想法和感受，并非故意欺负同学；一些孩子偷拿同学的文具，并非本质坏，只是因为家庭环境的变化导致孩子心理压力较大。这时候，就需要老师和家长共同努力，帮助孩子调整心态。

想要真正让孩子不走歪路，仅仅靠老师与家长的努力远远不够。在这个过程中，还需要孩子亲自参与。所以，我们不妨与班主任、孩子来一次敞开心扉的座谈，共同寻求解决问题的方法。

但一定要记住，谈话过程中，孩子可能出现抗拒、不服气等情绪，我们一定要控制好自己的情绪，正确引导孩子。

孩子基础差，想提高需要更努力

——已经被其他同学拉开差距

　　新学期开始一段时间后，班主任找到林丽的爸爸反映孩子的学习情况："林丽学习劲头很足，但就是基础太差了。"

　　爸爸听了这话，叹口气说："唉！都怪我们当初太忙了，没时间管她的学习！要是我们当初多关注孩子，帮她辅导作业，就不会这样了。"

　　班主任心想："我是来找你解决问题的，不是听你抱怨和自责的。"

　　于是，班主任无奈地说："现在不是自责的时候，我们应该想想怎么补救，想办法让孩子夯实基础。"

　　林丽的爸爸与班主任沟通时，态度积极诚恳，且愿意讨论孩子的学习问题。这是值得我们学习的。

　　但是，面对班主任提出的问题"孩子基础差"，他没有寻找原因、思考解决办法，而是自责起来，则是错误的。要知道，沟通的目的是发现问题，并找到解决问题的方法。班主任没有时间听我们自责，找我们交谈的目的也不是批判我们。

所以，林丽的爸爸这样的回复，很容易导致主题偏离，不但浪费时间，还耽误后续沟通。

事实上，导致孩子基础薄弱的因素有很多，比如自身努力、学校环境、教学方法等。作为家长，我们只有耐心与班主任沟通，全面了解孩子的学习情况，一起与班主任找出原因，然后商讨解决问题的有效方法，才是正确选择。

具体来说，我们需要注意以下几个方面。

第一，放弃追责，放眼未来。

与班主任沟通的过程中，不要纠结于责任在谁，而是应该一起分析孩子基础差的原因，探讨可行的解决方案。比如，是否可以制订一个家庭学习计划，或者在学校寻求额外的辅导资源。

同时，我们必须保持足够的理性，站在客观的角度，从多方面给班主任提供参考信息，以便班主任提供更有效的建议，从而精准帮助孩子解决问题。

比如，可以这样说：

> **家　长：**"非常感谢您，让我们了解孩子基础知识薄弱的问题。作为家长，我们有不可推卸的责任，这可能与我们平时监督不够，没有给予孩子足够的支持和帮助有关。从现在开始，我们会尽量抽出时间陪伴和辅导孩子学习。但由于我们自身知识水平的限制，有些作业确实辅导不了，也没办法提出有效建议。尤其是数学和英语，更加吃力，几乎都不上什么忙。您有什么好的建议？"

> **班主任：**"针对这种情况，我们可以使用以下方法。首先，我建议为孩子制订一个个性化的学习计划，针对孩子的薄弱环节进行有针对性地加强。其次，鼓励孩子多参与课堂讨论和小组合作学习……"

在孩子的学习问题上，追责无用，只有放眼未来，才能让孩子真正得到提高。

第二，深入沟通，探讨原因。

我们需要请班主任具体说明孩子在哪些学科或知识点上基础较差，以及这些薄弱点对孩子学习的影响。然后，与班主任探讨孩子基础差的原因，是学习方法不当、学习习惯不好，还是家庭环境等外部因素造成的，并找到有针对性的解决方案。

第三，制定阶段目标，持续沟通。

想要让孩子打好学习基础，绝非一蹴而就的过程，需要我们与班主任进行持之以恒的努力。所以，班主任提出改进方法后，除了积极配合之外，我们还需要结合孩子的实际情况，制定若干个阶段性目标。同时，根据目标达成情况，与班主任持续沟通，及时对孩子的学习计划进行调整。

与班主任保持定期联系，更好地了解孩子有哪些进步和需要改进的地方，并及时调整教育策略，才能真正帮助孩子有所提升。

孩子的自尊心很强

——孩子不能接受批评

一次，班主任主动找黄明的妈妈谈话，并说："黄明这孩子的自尊心非常强。"

妈妈听了，说："这孩子从小就特别爱面子……"

班主任接着说："昨天他不认真听课，与同桌说悄悄话，下课后，我刚批评他一句，他就哭了。"

妈妈连连点头，然后说："在家里也是这样。平时我和他爸爸也不敢说他，一说就哭，真是拿他没办法。"

班主任停顿了一会儿，无奈地说："哦，是这样呀。"然后就结束了话题。

追根究底，弄清意图

当班主任特意找我们谈话，说"孩子自尊心很强"的时候，说明孩子可能犯了错或平时表现不好，却因他"自尊心强"不敢批评，希望家长能发现和正视问题，引导孩子做出改变。

但很显然，黄明的妈妈没有意识到这一点，也没有弄清班主任的意图。她只是接收到信息，然后附和班主任的话，同时话语中透露这样的信息：

1. 孩子的确很敏感，自尊心很强。

2. 家长知道孩子有这样的问题，但对此也无可奈何。

表达了自己的想法后，她也没有询问班主任为什么提及"自尊心"的问题，或孩子是否遇到了什么问题或犯了什么错。这样一来，班主任很可能认为她在袒护孩子，或者对这个问题不重视，进而不愿再深入沟通下去。

那么，遇到类似问题，我们应该如何正确与班主任进行沟通呢？具体来说，可以从以下两个方面着手。

第一，实事求是，不为孩子辩解。

很多孩子自尊心过强、敏感，都是父母的溺爱、过度保护造成的。所以，当班主任提到"孩子自尊心强"时，我们应该避免为孩子辩解，更不要站在班主任的对立面。

我们应该主动询问具体情况，弄清楚发生了什么事情，了解孩子是否存在被批评时情绪过激的情况。了解具体情况之后，要坚持实事求是的原则，陈述孩子的缺点，而不是为孩子辩解。

可以这样说：

家 长："其实，这孩子的确有些敏感，自尊心过于强，有时听不进批评，一被批评就情绪激动。这很容易影响他的学习和社交，所以我们需要好好引导和教育。"

第二，表明态度，让班主任放宽心。

我们应该积极表明态度，表示愿意与班主任共同努力，寻找适合孩子的教育方法。

可以这样说：

家　长："老师，虽然孩子自尊心强，但是该批评的时候，您要批评他，这样才能让孩子知错改错。作为家长，我们也会多与他沟通，并对他进行积极引导，努力寻求有效方法，培养其抗压能力。"

同时，我们要积极与班主任共同探讨可行的解决方案。比如，如何在家中培养孩子的抗挫能力，如何引导孩子正确看待失败和批评，等等。

家　长："老师，您具有十几年的教学经验，接触的孩子也多，您看有什么好办法能让孩子提升抗压能力？"

这样一来，班主任才能明白家长是支持自己的，接下来可以放心地教育孩子了。

学习要有连贯性

——最近孩子请假有点多

因为家里有事，李娜的妈妈又打电话给班主任请假。

等到李娜上学后，班主任主动找到李娜的妈妈，委婉地说："学习要有连续性，如果孩子多次缺课，可能会跟不上学习进度。"

妈妈连忙解释："不好意思，老师。家里的确有事，所以才给孩子请假。"

班主任点点头，微笑着说："我理解。家里的事重要，孩子的学习也很重要。所有的教学都要有连贯性，多次请假，会让孩子与整体教学进度脱节，不但容易跟不上学习进度，还会对学习失去兴趣。"

妈妈又说："是的。这段时间，孩子请了几次假，落下不少课程。我会让孩子把之前落下的课程和作业补上。"

听了这话，班主任没再说话。

总是请假，会影响学习的。

家里确实有事。

与其解释
不如想想解决办法

给孩子请假，是可以理解的。但是频繁给孩子请假，且并非必要，就不合理了。

当班主任提醒"学习需要连贯性"的时候，就是在告诉你："你给孩子请的假有点多，已经耽误孩子的学习了""家长应该避免再给孩子请假"……

这个时候，我们需要做的不仅仅是解释"为什么请假"或推诿，而是表明态度"不再随意请假"，并提供具体、可操作的解决方案来弥补孩子已经落下的学习内容，确保后续学习的连贯性。

当然，没有家长能保证"绝对不给孩子请假"，所以，如果有非常重要的事需要处理，应该与班主任协调沟通，积极寻求更好的办法解决请假与学习之间的矛盾。

具体来说，我们可以从以下几个角度着手。

第一，要明白"请假不是通知"。

我们要掌握请假的技巧。比如，尽量提前和班主任沟通，而不是临时通知；说明请假的原因，并保证有理有据；尽量给出合理的请假时间。

第二，建立定期沟通机制，及时报备。

我们要与班主任建立定期沟通机制，与班主任充分互通信息，才能真正理解与共情对方，提前根据对方的变化做好计划。

如果家中的确有很重要的事，需要给孩子请几次假，我们应该提前与班主任沟通，可以这样说：

家　长："老师您好，近期我家中有一些要紧事需要处理，孩子必须参加，所以这段时间可能会请几次假。"

然后，了解老师的教学进度，争取让孩子课下努力，跟上进度。可以这样说：

家　长： "您可以介绍一下教学进度吗？最近要讲哪些知识点，是否能让孩子课下预习、自学？如果能自学，我监督她课下抓紧时间学习，以免落下太多……"

提前沟通，预防效果远远大于亡羊补牢。

第三，提出补救方法，积极寻找解决问题的方法。

如果无法在事前做好沟通，亡羊补牢也为时未晚。但我们一定要听明白班主任话中的含义，认识到问题所在，并给予积极、有效的答复。

可以这样说：

家　长： "抱歉，老师。孩子这段时间的确请了几次假，也耽误了不少功课。您放心，接下来我们不会再请假了。"

同时，真诚地请教老师，询问应该做哪些努力，尽快让孩子跟上学习进度。比如，可以这样说：

家　长： "您有没有什么学习方法能让孩子尽快跟上学习进度？您讲课的讲义、资料能不能让我复印一份，我想让孩子课下自学一下？"

在沟通过程中，我们只有保持积极、开放的心态，接受班主任的反馈和建议，并以建设性的方式回应，才能找到解决问题的最佳途径。

教育需要家校合作

——你们对孩子的事儿不够上心

王杰的父母平时工作繁忙，没时间关注孩子的学习和生活，王杰一向由爷爷奶奶来照顾。但爷爷奶奶年纪大了，一是没有精力管孩子的学习，二是对于孩子的学习也有些无能为力，所以王杰的学习成绩很不理想。

期中考试成绩出来后，王杰有多门学科不及格，于是班主任找到王杰的爸爸，说："孩子的教育需要学校和家长共同努力，这样才能更好地促进他的成长。"

爸爸笑着说："我知道。不过，我和他妈妈都太忙了，没时间管孩子。孩子学习的事，还请您多费心。"

班主任停顿了一下，继续说："最近我发现王杰成绩又下降了，希望您多关注孩子。"

爸爸回答说："嗯嗯，好的。如果我有时间，一定督促他好好学习。"

听了这话，班主任摇了摇头，结束了交谈。

教育孩子这件事，需要学校和老师的努力，也需要家长的配合。只有家校紧密合作、共同努力，才能让孩子更好地成长。学习这件事，也是如此。

但很多家长错误地认为："孩子的学习，有老师教就可以了。"于是，当班主任希望他们监督孩子学习的时候，他们便会理直气壮地说："我让孩子上学，就是让老师把他教好，为什么还要家长管孩子的学习？！"

虽然一些家长也理解家校共育的道理，但却因为工作忙，把责任全推给老师。每当班主任与他们沟通的时候，他们便会说："我比较忙，您多费心。""如果我有时间，一定会好好督促孩子，但是孩子学习的事还需要交给老师。您教学经验丰富，把孩子交给您，我们非常放心。"

还有一些家长不善聆听，习惯性地与班主任争论："你为什么说我们对孩子不上心？""现在家长都忙得很，哪有时间管孩子的学习？"

不管哪种情况，都容易亲手切断与班主任的沟通渠道。所以，想要孩子有更好的未来，我们首先要改变自己的错误想法，认识到家校共育的重要性。同时，与班主任沟通时，要第一时间明确表达愿意与学校紧密合作，共同促进孩子成长的意愿。

那么，沟通过程中，我们还需要注意哪些问题呢？

第一，不能只说空话，要做出切实改变的承诺。

与班主任沟通时，不能只说空话，比如说"好的，我会配合"，或者"您说得对，我们会做出改变"，而是提出切实可行的方案，增强回答的可信度和说服力。唯有这样，才能为这次沟通打下良好的基调。

比如，可以这样说：

> **家　长：**"老师，您说得对。孩子的教育离不开老师和家长的共同引导与教育。之前，我们因为工作忙，确实对孩子不够上心。这次，我意识到了问题的严重性，稍后我会和孩子妈妈商议，增加在孩子学习时间上的投入，包括减少加班、出差的次数……"

这样的沟通方式，既明确了我们身为家长的责任，又表示我们愿意配合校方工作的态度，有利于与班主任进一步交流，达成更紧密的合作。

当然，说到就要做到。实践过程中，我们要定期与班主任沟通，分享孩子在家里的学习情况、遇到的困难，以及我们的期望和计划，同时我们要积极参加学校组织的活动，比如家长会、亲子活动等。

第二，言辞端正，避免与班主任争论。

与班主任沟通时，即便有自己的看法，我们也要避免针对某个问题发生争论，尽量做到言辞端正。端正的言辞，就是高效沟通的敲门砖，也是我们后续与班主任建立良好关系的开始。

更何况，我们的很多想法存在偏差，若是急于争论，很容易造成沟通困难。

第五章

必须临时沟通的
七种情况

定期与班主任进行交流，是非常必要的。但只做到这一步，是远远不够的。遇到特殊情况，比如孩子情绪异常、家庭环境发生变化、孩子犯了错、孩子成绩下降等，我们都必须及时主动地与班主任联系，争取与班主任合作，更好地解决问题。

孩子情绪出现异常

——不知道为什么会这样

妈妈发现李想最近情绪不好，整天愁眉苦脸的，食欲和睡眠也受到了影响。

妈妈认为家人并没有和李想发生冲突，很可能是在学校遇到了什么事情，便想找班主任了解情况。

某天放学后，妈妈找到班主任，说："老师，李想最近情绪低落，问他也不肯说原因，您能帮忙问问吗？"

班主任点点头："好的，我会留意他在学校的表现，也会找机会和他聊聊。"

妈妈感激地说道："那就麻烦您了，我们也很担心。"

班主任温和地回应："不客气，我们一起努力，帮助孩子走出困境。"

对于孩子来说，消极的情绪不但影响学习状态，还会影响孩子的身体健康，甚至损害孩子的心理健康。作为家长，我们应该关注孩子的情绪问题，一旦发现孩子情绪异常，就应该与其交流，弄清楚孩子情绪不好的原因，引导他采取有效方法释放和排解坏情绪。

但问题是，孩子情绪不好往往是由于与同学发生冲突、在学校遇到难题或挫折、受到老师批评，再加上很多时候，孩子不愿意将心事讲给家长听，家长无法知晓其"心病"的来源，更没有办法进行有效沟通和引导。

这就需要我们及时与班主任进行沟通，询问孩子在学校的表现、是否遇到了什么问题。班主任作为孩子在学校的主要负责人，能够观察到孩子的日常表现、学习状态，以及与同学之间的互动。有了班主任的帮助，我们就可以轻松找到孩子情绪问题的来源。

更重要的是，与家长相比，很多孩子愿意与老师沟通，乐于听老师的话。家长与班主任合作，更有利于及时疏导孩子的情绪。

那么，如何正确地向班主任求助呢？我们需要注意以下两个问题。

第一，注意表达方式，避免把求助变成指责。

孩子情绪低落，家长着急、焦虑是可以理解的。但是，再着急、焦虑，都不要带着情绪去跟班主任交流。

很多家长往往会先入为主地把孩子的情绪问题归结于学校和老师，交流之前就在心中下了结论：

孩子肯定是在学校遇到什么事了！

很可能被同学欺负或被老师批评了！

就是因为课程安排紧、学习压力太大！

……

或者，因为焦急，不注意语气和方式，说话比较冲。比如：

家　长："我家孩子最近情绪很不好，是不是在学校里发生什么事儿了？"

"孩子特别不高兴，是被老师批评了吗？"

这样的反问，让班主任听了很不舒服，往往会产生这种想法："这是来兴师问罪，追究责任的？"接下来的沟通，自然很难顺利，更别说解决孩子情绪低落的问题了。

所以，与班主任沟通时，一定要注意管理好自己的情绪，注意表达方式，避免把求助变成指责和质问。

正确的方法应该是：

家　长："老师，最近我发现孩子有点注意力不集中，还总是走神，情绪显得非常低落，不知道为什么会这样……"

"老师，孩子最近总是闷闷不乐的，问他也不说发生了什么事情。请问，他在学校遇到什么问题了吗？"

第二，探讨共同参与的解决方法。

找到孩子情绪异常的原因后，要与班主任共同对其心理进行疏导，可以这样说：

家　长："老师，孩子与同学发生了矛盾，还请您多疏导和协调，帮助孩子与同学化解矛盾。我们家长也会引导他学会正确处理问题，与同学和谐相处，学习情绪管理……"

千万不要把班主任当成唯一的"参与者"，对班主任说：

家　长：**"老师，你以后得多帮助我家孩子……"**

要知道，孩子的心理健康是需要学校和家庭共同构筑的，父母应该发挥更大的作用。所以，我们应该这样和班主任说：

家　长：**"现在，孩子比较敏感，您对孩子进行情绪管理和处理心理危机有什么好的建议和意见……嗯，感谢老师。您的建议我们一定重视，和学校老师一起做好孩子的心理支持工作。"**

把"你"变成"我们"，是成功沟通的关键。家长与班主任达成统一阵线，才能真正解决孩子的问题。

家长要出远门
——孩子请您多费心

　　陈浩的爸爸过几天要到外地出差，时间长达半个月。由于平时孩子的学习都是他负责，他担心在自己出差期间，孩子变得散漫、懒惰，于是特意找班主任沟通。

　　爸爸客气且真诚地对班主任说："老师，下周一我要出个长差，没办法监督张浩学习，这段时间麻烦您多费心了。"

　　班主任微笑着回答："明白，我会特别留意他的表现，也希望您能和孩子保持联系。"

　　爸爸点点头："我会的，谢谢您，老师。"

　　陈浩的爸爸是个聪明的家长，因为他在孩子的教育环境发生改变时，选择第一时间通知班主任，请求班主任的支持和帮助。这种做法非常正确。

　　然而，很多家长做不到这一点。

家长长期出远门，并未在第一时间通知班主任，等到班主任发现孩子突然"放飞自我"——开始迟到、完不成作业、频繁请假，甚至旷课等情况联系家长的时候，家长才说："老师，对不起。最近我在出差/旅游/有事到外地，对孩子的管教放松了一些。"

在他们看来，孩子只是短时间"放纵"，不会产生太大的影响。事实上，学习如同逆水行舟，不进则退，许多学生正是因为家长某一段时间的疏于管教，成绩才一落千丈，甚至难以追赶上之前的水平。

所以说，如果家长在一段时间内无法很好地履行家庭监管的义务，一定要第一时间与班主任"打招呼"，这样一来，班主任才会对孩子多加关注和监督，避免孩子"放飞自我"。

其实，向班主任说明"暂时监管缺失"的情况很简单，只需做到以下几点就可以了。

第一，开门见山，直奔主题。

尽量在出远门前几天与班主任联系，若是临时决定，也需要在前一天或当天与班主任沟通。沟通的时候，没必要拐弯抹角，开门见山、直奔主题就可以。

可以这样说：

> **家　长：** "刘老师，最近我要出个长差，他妈妈工作也比较忙，没时间监督孩子学习，还请您这段时间多关注孩子，麻烦您多费心了。"

第二，说明孩子的具体安排。

沟通过程中，我们有必要向班主任说明出远门期间孩子的学习、生活、接送等安排。比如：

> **家　长：** "这段时间孩子的饮食起居大多时候由保姆负责，您也知道，保姆只能照顾孩子的生活，学习上的事儿管不了。平时，孩子在家写作业比较磨蹭，需要监督才能按时完成。请您多监督，避免他无法按时完成作业。"

第三，说明自己的通信情况。

家长还要向班主任提供自己外出期间的联系方式和通信状况，确保沟通顺畅，以便及时处理紧急和突发问题。可以这样说：

> **家　长：**"我这次出差是参加一个重要会议，会议期间不方便接听电话，如果有急事，请您发信息或微信。会议结束后，我一定及时回复您。"
>
> "出于某些原因，外出期间，我会更换手机号码，新号码为……如果孩子出现什么问题，请您拨打这个号码。"

总而言之，在家庭监管出现"真空期"的时候，我们一定要及时通知班主任，说明对孩子的具体安排和我们的通信情况。

孩子在学校犯了错

——应该怎么配合改正

一天，张明放学回到家，垂头丧气地对妈妈说："妈妈，我今天在学校犯了个大错，我不小心把同桌××的手划伤了……"

接着，张明把事情的详细经过全盘告诉了妈妈，然后心有余悸地说："当时我又害怕又内疚，幸亏有班主任帮忙，和我一起把××送到医务室，让医生把他的手包扎好。要不然，我真不知道该怎么处理。"

妈妈安慰张明说："你们班主任挺不错的。事儿都过去了，你也别太内疚……"

随后妈妈心想：既然事情已经解决了，这件事就翻篇儿了吧……

孩子在学校犯了错，事情已经得到圆满解决，这时候，家长需不需要再与班主任进行沟通呢？

现实生活中，许多家长往往与案例中的张明的妈妈一样，认为事情既然已经过去，就没必要再提了，然后保持沉默，选择不与班主任沟通。

我今天在学校犯错了，幸亏班主任帮忙解决。

既然已经解决了，那就没事了……

事情没"翻篇儿"

快和老师联系

但这种做法是大错特错的。

即便事情已经解决，我们也必须及时与班主任进行必要的沟通。原因在于，事情虽然解决了，但调整孩子的心态和巩固教育成果同样重要。

孩子在犯错后可能会感到内疚、焦虑或不安，我们主动与班主任联系，可以让孩子感受到来自家庭和学校的双重支持，有助于孩子更好地调整心态，积极面对之后的学习和生活。

同时，我们可以了解学校或班主任是否有后续的教育措施或建议，确保双方在教育理念和方法上保持一致，共同加强对孩子的监督和引导，防止类似问题再次发生。

那么，如何与班主任进行沟通呢？

第一，表示歉意和感谢。

我们首先要对班主任表达歉意和感谢，重点感谢老师帮助孩子解决问题，引导孩子改正错误。比如：

家　长："老师，孩子回家后说了事情经过，我严厉批评了他。非常抱歉，因为孩子犯错给您带来了麻烦。同时，感谢您及时帮助孩子解决问题 / 改正错误，避免了更严重的后果。"

第二，深化沟通，增进理解。

进一步深入沟通，了解孩子犯错的具体情况，包括错误的性质、严重程度，以及可能的影响，共同探讨孩子在犯错过程中的心理状态、动机。可以这样说：

家　长："老师，我想了解事情的具体经过是怎样的？孩子为什么会伤到同学的手？该同学的受伤严重吗？是否影响日后的学习？"

家　长："老师，我想了解孩子伤到同学是有意的，还是无意的？两人平时相处得怎样，是否存在矛盾？"

这种深入了解有助于我们更精准地把握孩子的成长需求，为未来的家庭教育提供更有针对性的指导。

第三，积极配合，探讨解决方案。

发现问题不是目的，解决问题才是。在沟通中，我们要表示会积极配合班主任，并与班主任一起探讨如何帮助孩子改正错误，防止类似问题再次出现。

可以这样说：

家　长："老师，您是否通知了该同学的家长，对方如何说？要是您还没有通知对方，我可以直接与对方联系，向对方表达歉意和商议解决方案。您建议怎么办呢？……

"出现这样的问题，与孩子××问题有很大的关系，您能不能提供更具体、专业的建议，引导孩子反思、承担责任。我们该怎么配合您引导孩子？"

这展现了我们的责任心和主动性，也让老师感受到我们的支持，共同为孩子的成长努力。

孩子成绩突然下滑

——成绩不理想，我们能做什么

赵英这次考试的成绩非常不理想，下滑了十几分，还有两门学科成绩不及格。爸爸对此非常生气，严厉批评了赵英，并质问她："为什么成绩突然下滑严重？你是不是没好好学，只知道玩？"

赵英低着头不说话。

爸爸见此，气呼呼地坐在沙发上生闷气。

妈妈说："光生气有什么用？还得想解决的办法。"

爸爸无奈地说："怎么解决？咱们又不能天天跟她一起上学，盯着她！"

孩子成绩下滑，大部分家长会批评孩子，甚至把孩子痛骂一顿，然后强调："你要好好学习！要是再不好好学习，我就揍你！"一部分家长则会询问："为什么成绩下滑？"然后让孩子寻找原因，或者加强对孩子的监督和约束，逼着孩子多多努力。还有少部分家长会与孩子共同寻找原因，总结经验教训，帮助孩子制订学习计划。

但不管怎样，大部分家长往往忽视了寻求班主任的帮助，并没有及时与班主任进行联系和沟通。

事实上，与班主任进行沟通是非常有必要的。全美国际教育协会经研究发现，家校沟通是提高学生成绩的重要方式，适度的家校沟通可以提高学生 15% 以上的考试成绩。

如何与班主任进行沟通才有助于孩子成绩的提升呢？

第一，保持积极的态度，了解考试情况。

考试成绩只是孩子学习过程中的阶段性检测，它不能完全代表孩子的学习能力或潜力。与班主任交流时，家长首先应该保持积极的态度，表达对孩子和班主任的信心和支持。

可以这样说：

家　长："老师，我知道这次考试孩子的成绩不理想，但我相信孩子有能力考得更好。我相信在您的帮助下，孩子在下一次考试中定能取得更好的成绩。"

然后，询问考试的情况，包括考试内容、评分标准、孩子在哪些方面出了问题等。

家　长："我想了解一下孩子在这次考试中哪些部分做得不够好，可以吗？"

第二，明确沟通目的，尊重并聆听班主任的意见。

与班主任沟通前，我们应该先与孩子沟通，了解他们在学习上的困惑和难题，以及可能的造成成绩下滑的原因，确定我们想要了解的具体内容，比如孩子的学习态度、课堂表现、作业完成情况等，以及我们希望得到的帮助和建议。

可以这样说：

家　长："老师，我发现孩子这次考试成绩突然下滑，经过与他沟通，可能与没有掌握新科目的学习方法有关。因为在物理学习上遇到困难，他的自信心、积极性受到打击，影响了其他学科的学习……我还想了解一下孩子最近在物理、数学等课堂上的表现，以及作业完成情况……"

"老师，孩子成绩突然下滑，可能与没有掌握新科目的学习方法有关。您认为是不是因为在这一学科上遇到了困难，所以导致孩子学习积极性降低？您有什么具体有效的建议，帮助孩子解决这个问题呢？"

然后，与班主任共同制订有针对性的改进计划。需要注意的是，计划应具体、可行，并征得孩子的同意，符合孩子的实际情况，还要明确家长和班主任各自承担的责任与扮演的角色。

孩子成绩迅速提升

——感谢您的栽培

最近，王梅的成绩提升很快。

妈妈很高兴，给王梅做了一顿大餐以表示鼓励，还不住地夸孩子："宝贝，你最近表现很好，成绩提升了很多。这与你平时的努力学习分不开，妈妈感到很高兴和欣慰。"

爸爸也很高兴，说："孩子成绩提升，源于自己的努力，但也离不开班主任及各科老师的教导，我们得好好感谢老师们。"

妈妈疑惑地问："这有必要吗？"

爸爸回答："当然！"

没错，孩子成绩迅速提升，关键原因当然是他自己付出了足够大的努力，但我们也不要忘记老师对于孩子成绩提升所给予的关注和指导。没有老师的付出，孩子的努力很可能事倍功半。

宝贝最近表现很好！

别忘了感谢老师们的教导。

好事也要多沟通

找准原因再接再厉

所以，在孩子学习成绩突然提升的时候，我们要及时与班主任进行沟通。那么，沟通时，应该注意哪些要点呢？

第一，表达感谢，分享喜悦。

我们首先要向班主任对孩子成绩提升所给予关注和指导表达感谢。比如这样说：

家　长："老师，这次考试孩子成绩提高了很多，真是多亏了您的栽培！"

班主任： "是孩子自己努力的结果，我们只是提供了一些指导。"

家　长： "不管怎样，真的谢谢您，孩子在您的教导下变化很大。"

这样的感谢不仅体现了家长对老师的工作的认可，也增强了家长与老师之间的信任和合作。

然后，简短地分享我们对孩子进步的喜悦和成就感。

需要注意的是，表达感谢要用合理的方式。很多家长为了表达感谢，选择给老师送礼物，或者请老师吃饭，这些方式都不恰当，老师也不会轻易接受。

第二，询问老师的看法，沟通后续建议和计划。

"表达感谢"只是附带目的，找到孩子成绩迅速提升的原因，确保如何做才能让孩子保持成绩稳定才是关键。

所以，与班主任沟通时，我们要诚恳地询问他对孩子进步的具体看法，以及对于孩子未来学习的规划和建议。

家　长： "老师，这段时间孩子学习进步很快，您采取了什么样的方式？"

"老师，您觉得孩子这次进步的主要原因是什么？后续有什么学习规划？我们家长要怎么配合，才能帮助孩子保持并进一步提升呢？"

第三，再次表达感谢。

沟通结束时，应该再次表达感激之情。比如：

家　长："再次感谢您对孩子的付出和关注，我们非常愿意与您保持
密切沟通，一起为孩子的未来努力。请您随时告诉我们需要配合
的地方。"

注意，沟通的时候要保持诚恳、谦逊的态度，用温和、积极的语气与
班主任交流，避免夸大其词或过分谦虚。

家长的错由孩子"背锅"

——这件事是我们家长的疏忽

周一上午，学校要举行期中考试。李鹏准备好一切后，等着爸爸送自己去上学。但下楼之后才发现，爸爸昨晚忘记给电动车充电，导致李鹏迟到了二十多分钟，被班主任批评不重视考试，没有时间观念。

晚上，李鹏委屈巴巴地说："都怪你，害得我被老师批评了！"

爸爸很纠结，心想："我是不是该与班主任沟通一下，告诉老师孩子迟到并不是他的错，而是我的责任……"

但他转而又想："老师已经批评了孩子，我再去认错，是不是多此一举？而且，犯这样的低级错误，真的让我很没面子！"

思来想去，爱面子的爸爸还是没有行动，让李鹏替自己"背了黑锅"。

爸爸，都怪你早上没给电动车充电，我才迟到的！

直面错误
别让孩子做"背锅侠"

孩子犯的某些错误，可能是家长的疏忽造成的。比如，家长起床晚了，耽误了送孩子上学的时间，导致孩子迟到；老师通知第二天带某个重要文具、佩戴红领巾，家长却忘了通知孩子，导致孩子没有按规定去做……

如果孩子直接对班主任说"是我爸爸的错""都怪我爸爸"，班主任未必会相信，反而会觉得孩子不敢承担责任，"甩锅"给家长。

而且，孩子"背了黑锅"，心里会感到委屈和气愤，很久不能从低落的情绪中走出来。孩子还会因此产生不满和叛逆情绪，犯错后也不肯承认错误，把责任推卸给别人，并理直气壮地说："大人都这样，为什么我不可以？"甚至故意做错事，与家长作对。

因此，家长犯的错令孩子"背黑锅"的时候，家长一定不能保持沉默，要及时与班主任沟通，解释事情原委和说明事实真相，还孩子一个清白。

向班主任解释相关问题的时候，我们可以采取以下方式。

第一，诚恳道歉，说明事实真相。

我们应该向老师坦诚地道歉，承认自己的疏忽给孩子带来了不必要的困扰和批评。比如可以这样说：

> **家　长：**"老师，非常抱歉，因为我起晚了，孩子今天上学迟到了，给您添麻烦了。"

道歉之后，我们可以简要地解释迟到或问题发生的具体原因，但不必过于详细或为自己辩解。同时，要表达出对问题的认识和改正的决心。

> **家　长：**"我昨晚因为工作／家庭事务熬夜，今天早晨没能及时起床准备孩子的上学事宜，以后肯定不会出现类似情况。"

第二，承担应有的责任。

我们要强调自己会承担应有的责任，也可以提出具体的改进措施或计划，以显示我们对此事的重视和解决问题的决心。

家　长："我已经意识到问题的严重性，今后会提前规划好时间，确保孩子准时到校并做好准备。"

第三，询问孩子的情况。

我们也可以询问老师关于孩子的表现和可能受到的影响，这有助于我们更全面地认识问题，并采取相应的措施帮助孩子恢复学习状态。

比如："请问老师，孩子在考试中表现如何？有没有因为迟到而影响考试状态？"

孩子在学校出现纠纷

——这件事情的前因后果您能具体说一说吗

李琳与同学因为小事发生争执，因为感觉委屈，她哭戚戚地回了家。妈妈知道后，气不打一处来，马上找到班主任，说："同学欺负我们家李琳，您可得管管！"

班主任问："这件事情的前因后果，您了解清楚了吗？"

妈妈愣了一下，狡辩道："我们家李琳平时很乖巧，从来不会和别人起争执！而且，她和我说自己很委屈，这次发生纠纷，一定是对方的问题。"

班主任说："其实，责任不在一方，双方都有过错……"

还没说完，妈妈便打断班主任的话，气愤地说："老师，你为什么偏袒那个同学？是不是因为人家学习好？今天，你一定得给我们家孩子一个公道，否则我就去投诉你！"

班主任听了这话，无奈地摇摇头。

孩子在学校与同学发生争执和矛盾，是非常正常的。毕竟孩子心性不成熟，遇事容易情绪化。

面对这种情况，家长不能视而不见，也不能情绪激动。孩子与同学发生纠纷，无非有两种情况。

1. 私下纠纷——孩子和同学私下有纠纷，班主任不知道，孩子直接告诉了家长。

2. 公开纠纷——孩子和同学的纠纷比较严重，班主任已经开始介入。

但不管是哪一种纠纷，家长都需要及时与班主任进行沟通，与班主任、对方家长建立有效的对话机制，高效地解决问题。

如果条件允许，家长可以选择与班主任、对方家长进行面对面沟通，这样可以更直接地表达自己的想法和感受，并观察班主任与对方家长的反应。如果面对面沟通不便，也可以通过电话或微信等方式进行沟通。

与班主任沟通时，需要掌握以下几个原则。

第一，保持理性和客观，不要指责。

有些家长一听孩子和同学有纠纷，就自动联想到"孩子被欺负"了，情绪立刻失控，到学校里指责同学和老师，力求"给孩子讨回公道"。

这是错误的做法，不但解决不了问题，反而会激化矛盾，把小问题变成大问题，同时破坏孩子与同学、班主任以及家长之间的和谐关系。

我们要调整好心态，客观地看待这件事情，心平气和地与班主任沟通。

第二，询问过程。

有时候，纠纷会导致一些不好的后果，比如孩子打架了、发生口角等。结果是无法改变的，我们不要在结果上纠结，而是要弄明白事情的来龙去脉，包括争执的起因、经过，以及孩子的态度和反应。可以对班主任这样说：

> **家　长：**"老师，我听说孩子和××同学发生了争执，这件事情的前因后果能和我具体说一说吗？"

这种直接询问能够帮助家长了解事情真相，便于更好地采取应对措施。

第三，交由班主任裁决。

如果是小纠纷，问题不严重，那么裁决权可以交给班主任。可以这样说：

> **家　长：**"其实，这是件小事，双方都有责任。这样吧，这件事情怎么解决，请您拿个主意，我们尊重您的意见。同时，回家后，我们会教育孩子，让他与同学好好相处，正确表达想法和情绪……"

同时，不要忘了询问对方家长的看法。

事实上，把裁决权交给班主任，是一种比较客观、公正的选择，也是双方家长比较容易接受的。

第六章

如何向班主任
"提要求"

一些家长认为提要求很简单，只要说出自己的想法就可以了。如果你这样想，就大错特错了。提要求，也讲究技巧和方法，尊重对方，从对方角度出发，高情商地说明理由，提出具体要求，才能让对方拒绝不了。

想让班主任严格要求孩子

——严师出高徒，我们家长都支持严格管理

> 家长会上，李强的爸爸郑重地对班主任说："老师，我希望您能对李强严格管理！"
>
> 班主任反问道："您是不是觉得我们现在的管理不够严格？"
>
> 李强的爸爸说："我不是那个意思，我的意思是，还可以再严格点。"
>
> 班主任最后也没弄懂，李强的爸爸说这番话的目的究竟是什么。

其实，很多家长像李强的爸爸一样，希望班主任能够对自己的孩子严格一些，让孩子变得越来越好。这是家长重视孩子教育、信任班主任的工作能力与态度的表现。

但是，李强的爸爸与班主任的沟通是无效的，因为他只提出了"严格管理"的方向，没有提出具体的要求和建议。

要知道，"严格管理"这件事情的范围非常广泛，包括学习态度、行为习惯、品德修养、社交礼仪等。不同的家长对于"严格管理"的理解有所不同。

有些家长觉得严格管理就是对孩子"看得紧"一些；

有些家长觉得严格管理就是严厉批评；

有些家长觉得严格管理就是多留些家庭作业……

此外，还有一个严格的"度"的问题。你只要求班主任"严格管理"，没有提出具体要求，班主任又怎么知道你心目中的"严格管理"究竟是什么，如何把握正确的方法和尺度呢？

就是说，只说"严格管理"会让班主任一头雾水，这句话等于一句空话。

我们想要让班主任把严格管理真正落到实处，需要从以下几个方面与班主任进行沟通。

第一，给出具体的建议。

我们不要泛泛地说"严格管理"，而是要给出具体的建议。比如说：

家　长："老师，孩子的规则意识不强，自控力比较差，容易违反课堂纪律，希望您能对他进行严格管理，教导他严格遵守课堂纪律……"

给出具体的建议，班主任才能有的放矢。

第二，表明尺度。

严格管理是有尺度的，我们要把自己能够接受的尺度"透露"给班主任。比如可以这样说：

家　长："如果他违反课堂纪律，或出现其他破坏规则的行为，可以给予严厉批评，也可以罚站或打手板。"

总而言之，想让老师严格管理，我们必须在沟通中给出建议，表明尺度。前者是为了让班主任有针对性地帮助孩子克服某些方面的弱点，后者是为了让班主任在采取惩戒手段时没有顾虑。

想让班主任多关照孩子

——孩子有没有需要改进和提高的地方

陈霞是个胆小的孩子，平时不敢表达自己的想法，也不太主动与同学和班主任交流。新学期开始后，妈妈担心陈霞不适应新环境，便找到班主任说："老师，我是陈霞的妈妈，请您多多关照陈霞。"

班主任笑着说："我们对每个孩子都很关照，这一点您放心……"

妈妈知道这是客套话，又强调说："嗯，我知道。不过，我希望您对陈霞更加重视一点！"

见此，班主任回答道："我们老师要公平公正地对待每一个孩子，当然，也会根据孩子的不同特点进行有针对性的关照。"

家长总是希望班主任对自家孩子"多加照顾"，甚至给予"特殊照顾"。这种心态是正常的，也是可以理解的。但是如果我们直接这样表达，班主任肯定不会答应我们的要求，并用"我们对每个孩子都很关照""老师会公平公正地对待每个孩子"来回答。

请您多多照顾我家孩子。

我们对每个孩子都很重视。

多沟通 多反馈 "照顾"自然能到位

事实上，除非特殊情况，每个班主任都能做到公平公正地对待每个孩子，不会出现偏袒、徇私的情况。

所以，想要让班主任对孩子进行有针对性的照顾，我们必须掌握正确的沟通技巧，给予班主任足够的理由。

第一，提出问题，引导班主任关注孩子。

我们可以通过提问的方式，让班主任主动发现孩子的特别之处或存在的问题。

比如，可以这样问：

家　长："我家孩子有没有需要改进和提高的地方？"

这个问题其实是在引导班主任思考我们的孩子有什么特点，有什么长处和不足，怎么才能弥补不足……思考过之后，自然会在行动上有所偏重。

第二，具体说明孩子存在的问题以及我们的需求。

如果孩子在学习上遇到困难、性格特殊，或者有需要特别关注的行为习惯，可以直接向班主任说明情况，然后提出"多多关照"的要求。

家　长："老师，我家孩子性格特别内向，不善于与人交流，我担心她无法与同学正常相处，很容易脱离班集体，希望您能多关照一下，平时多鼓励她参加集体活动，或者安排性格活泼开朗的同学做她的同桌……"

这样，班主任就能更清楚地了解我们的需求，并有针对性地关照我们的孩子。

第三，及时进行正反馈。

当孩子取得进步或表现优秀时，我们要及时向班主任反馈，表达感激之情。因为对于班主任而言，孩子的进步也是他的工作成果，班主任更希望自己的工作能够得到及时的正反馈。

想让班主任重视孩子的某学科

——孩子数学成绩明显较差，有什么办法提高

爸爸发现吴亮数学成绩不理想，拖了其他学科的后腿，于是直接对班主任说："老师，孩子有些偏科，数学成绩有些不理想，您有什么方法能帮助他提高吗？"

班主任回答道："吴亮的基础知识很扎实，但缺乏总结、归纳和实际应用能力，导致对各种概念、公式和方法了解不全面，不会运用这些知识解决较为复杂的难题和实际问题……想要提高数学成绩，应该引导孩子养成总结和归纳的好习惯，制订系统的学习计划，确保知识的连贯性，提高其逻辑分析能力和实际应用能力。"

爸爸点点头，回答道："谢谢老师，请您多关注和引导孩子。"

班主任说："没问题，我会多关注孩子的。"

有些家长希望孩子全面发展，但孩子往往会因为对某学科不感兴趣或找不到正确的学习方法，而出现偏科的现象。

这种情况，单靠孩子自己努力是不行的。大多数情况下，孩子哪科成绩越不好，就越不愿意学哪科。即便之前感兴趣，但因为学不好、提高不了成绩，孩子也会产生厌烦心理。正因如此，我们时常看到这样的情况：数学不好的孩子，往往不愿把时间花在学习数学上，甚至会在数学课上学成绩较好的英语。

因此，当发现孩子某一学科成绩不理想的时候，我们应该及时与班主任沟通，通过班主任的监督和引导，让孩子多花一些时间和精力来补足劣势，或者请求老师提供有效建议，帮孩子找到适合自己的学习方法，进而解决偏科问题。

那么，如何与班主任进行有效沟通，让他关注孩子的偏科问题，并且给予足够的关注呢？

第一，直接沟通，阐述原因和期望。

我们可以直接向班主任说明需求，并阐述为什么希望他多重视孩子的这门学科。

可以对班主任说：

家　长："孩子的数学成绩不理想，存在严重偏科问题，怎么才能提高与进步？"

除此之外，孩子在某些学科表现出特别的兴趣或天赋，也可以积极与班主任沟通，请求对方多给予关注。

家　长："老师，我发现孩子在数学方面很有天赋，想重点培养。您作为经验丰富的数学教师，能不能帮孩子制订一个科学、有效的学习计划，引导孩子在学习过程中有所突破？"

第二，委婉表达关注点。

我们可以直接表达想法，也可以委婉地表达对孩子某一学科的关注。可以使用一些中性或积极的词语，避免直接指责或批评。比如：

家　长："老师，您好！非常感谢您一直以来对孩子的悉心教导和关怀。不过，我们注意到孩子在数学上似乎遇到了一些挑战，成绩有些波动，担心这可能会影响孩子的学习兴趣和自信心。"

第三，尊重班主任的意见和建议。

就学科问题进行沟通，我们不要"自说自话"，而是要积极听取班主任对孩子在该学科上的专业建议，了解他在教学上的考虑和安排。

想让班主任的批评更温和

——孩子情绪很低落，是不是犯了错误

最近，赵敏因为受到班主任批评而情绪低落，妈妈认为可能是老师的批评太严厉了，打击了孩子的自尊心。

于是，她找到班主任直截了当地说："老师，孩子犯错，您可以批评，但是不要太严厉了。"

班主任心想："这是表示不满呀！"于是，无奈地说："好吧，我以后不批评她了。"

妈妈急忙解释道："不是，您误会了，不是不让批评，而是别太严厉了。"

班主任说："好的，我知道了。"

从那以后，班主任不再批评赵敏，但对她的关注好像也少了。

有些孩子心思敏感，有些孩子自尊心强，受到老师的严厉批评，往往会导致情绪波动较大，如哭泣、抑郁，甚至低落好几天。

其实，这很正常，毕竟每个孩子的性格不同，承受力也有所不同。作为家长，我们要引导孩子提升承受力，缓解不良情绪，同时要注意批评的方式方法。当然，也要及时与班主任进行沟通，提醒班主任采取温和的方法来批评孩子。

但是，与班主任沟通时，千万不要说出"我家孩子敏感，受不了批评""不要批评得太严厉"类似的话。这样的话语容易让班主任产生误解，以为你对他的教育不满，进而不敢再批评孩子。

更为严重的是，这很可能导致班主任与孩子接触时采取过分小心的态度，甚至会尽量避免与孩子交流。这对于孩子学习、生活以及成长都是非常不利的，甚至严重影响孩子的心理健康。

那么，我们应该如何让班主任改变对孩子的批评方式呢？

第一，委婉地说明情况和表达担忧。

我们可以向班主任说明孩子情绪低落的情况，然后用委婉的语言表达自己对批评方式的担忧。可以说：

> **家　长：** "孩子犯错，就要接受严厉批评，若是批评不严厉，孩子很难吸取教训，用心改错。所以，我同意您给予孩子严厉的批评。不过，我家孩子心思比较敏感，我担心这可能会让孩子感到受挫或影响他的自信心。所以，您以后再批评他时能不能稍微温和些……"

第二，说明要"迂回"一点儿。

我们不要直接对班主任说"不要太严厉""孩子经不起批评"，而是把孩子受到批评之后的表现告诉班主任。比如可以这样说：

家　长：　"老师，最近孩子好像总是犯错，别看他平时嘻嘻哈哈的，但是犯错之后也很自责，这段时间情绪很低落。"

虽然没有提批评的事，但是把孩子的表现告诉班主任之后，班主任自然能明白孩子为什么会有这种表现，然后主动思考改变教育方式。

第三，责任多分担一点儿。

既然孩子心思敏感，我们就要多承担一些教育任务，把责任揽到自己身上。可以和班主任这样说：

家　长：　"老师，这孩子在学校有什么做得不好的地方，您尽管告诉我，我来批评他，帮他改正错误。"

想让班主任给孩子换座位

——和同学没关系，只是孩子自己想换

林雪向妈妈反映说同桌太顽皮，上课喜欢和自己说话，下课也非常闹腾，很少有安静的时候。

听了这话，妈妈担心这会影响林雪学习，便想与班主任沟通给林雪换座位。她直接说道："老师，我想让孩子换一下座位，她现在的同桌太闹了，前后桌的同学也都学习不好，这样一来，孩子还能好好学习吗？"

班主任皱着眉说："我理解你的心情，但是，座位是按照孩子各方面情况统一安排的。而且座位不是固定的，每个月都会轮流，一学期下来，每个同学都有机会和其他同学同桌……"

班主任接到的最多的家长的请求，就是"调换座位"。坐在后面的同学想往前调换，坐在旁边的同学想换到中间位置，而和淘气、学习不好的学生同桌的，又想换到文静、学习好的同学身旁……

> 孩子周围的同学太闹了，影响他学习……

> 座位是统一安排的，而且每隔一段时间座位会轮流。

逆向思维或许更好

　　或许，在很多家长眼里，调换座位只是一件小事，只要班主任"一句话就可以解决"，但事实上，在管理班级过程中，任何一件事都不是小事，班主任需要考虑很多方面的问题，换座位也是如此。

　　正因为这样，当家长提出换座位的要求时，班主任通常会拒绝，并劝说他们"服从安排"。那么，如果我们想给孩子换座位，且有必要的情况下，又该如何说服班主任呢？

　　其实，只要我们掌握下面几个方法，就可以大大提升成功的概率。

第一，根据班级安排座位的规则来说服班主任。

　　我们首先要了解班主任安排座位的依据和原则，比如按照身高、视力、学习表现或性格特点来安排。只要我们的理由充分，并与班主任的管理理念相符，一般不会遭到拒绝。

　　可以这样对班主任说：

> **家　长：**"老师，咱们班级是按身高安排座位的，对吧？我家孩子刚入学时比较高，被安排在最后一排，但是，这一年来他的身高并没有长多少，反而被其他同学超过许多，现在视线被前排同学挡住了，看不到黑板。您看，能不能帮他调换一下座位？"

第二，站在班主任的角度考虑问题。

　　想要说服别人，就要站在别人的角度考虑问题。班主任不愿意给孩子调换座位，是因为担心引起不必要的麻烦。

　　所以，我们只需证明不调换座位才会带来真正的麻烦，班主任或许会改变想法。比如：

> **家　长：**"老师，我家孩子和同桌好像关系不太好，不是今天吵架就是明天闹别扭，还时常因为吵架影响课堂纪律，耽误老师讲课。

而且，若是两人矛盾升级，发生肢体冲突，也会给您带来麻烦。所以，我觉得咱们是不是有必要防患于未然，让他们分开坐，把其中一个调走……"

从班主任和班集体的角度出发，分析利弊，杜绝隐患，自然不会遭到拒绝。

第三，不要指责他人。

想要换座位，可以从自家孩子身上找原因，千万不要指责其他同学、班主任或老师。

> 家　长："他太吵了，影响我家孩子学习！"

> 家　长："他学习习惯不好，怕我家孩子被带偏……"

一旦说出这类话语，不但换不成座位，还会给班主任留下不好的印象，增加日后沟通的难度。

对班主任的处理结果不满意
——这个处理结果是您的最终决定吗

　　刘洋与同学发生了冲突。了解情况后，班主任认为主要责任在刘洋，并对他做出"写500字检讨，在班会上自我检讨"的处罚。

　　刘洋的爸爸知道后，认为主要责任虽然在刘洋，但那位同学并非没错，也应该受到批评和处罚。

　　为此，他找到班主任询问道："老师，关于这次事件的处理方式，您确定这是最终决定吗？"

　　班主任摇摇头："最终的处理结果还需要进一步讨论和商量，我之前说的是初步意见。"

　　刘洋的爸爸说："对于这件事情，其实我也有一些自己的看法，想和您交流下……"

　　班主任回答："当然可以。您可以尽情表达自己的意见……"

班主任也是普通人，处理某些事情的时候，可能会出现有失公正的情况。如果我们对班主任的处理结果不满意，该如何与之交流呢？

有些家长担心表达不满会得罪班主任，给孩子带来麻烦，于是采取沉默、妥协的方式；有些家长则恰好相反，他们往往会情绪激动地找班主任理论，表达自己的不满，还用攻击性的语言来指责班主任。

以上两种做法，都无法解决问题。

我们需要知道，有不满就要说出来，及时与班主任沟通，但在沟通时，要采取恰当的表达方式，不然会把事情搞砸。

我们需要掌握以下三方面的技巧。

第一，表达不满，留有余地。

如果对班主任的处理结果不满意，我们应该明确表达出来，但是不要直接对班主任说：

> 家　长：“你的这个处理结果有问题，我不接受！”
>
> 　　　　　“为什么这样处理？难道你不知道……”

这样的说法，往往容易把请求、协商变成争吵，使得事情完全没有回旋的余地。

我们可以这样说：

> 家　长：“老师，这个处理结果是您的最终决定吗？”
>
> 　　　　　“我认为在这个问题上，如果采取××方式处理，可能会更加合适。”

这样既用比较委婉的方式表达了自己对处理结果不认可的事实，同时也给彼此沟通留有余地。

第二，私下沟通，不公开处理。

有些家长对班主任的某些决定不满意，就会在家长群里公开反驳，甚至"大声疾呼"，希望通过得到大多数家长的支持，迫使班主任改变处理结果。或者，直接找到学校，当众与老师理论。

这是不明智的做法。一方面，会激化矛盾，让事情变得更棘手；另一方面，越是在公开场合，人越会坚持自己的想法，不愿做出改变。

所以，就算我们对班主任的处理结果不满意，也不要公开反对、质疑，甚至强迫他改变。选择合适的时机，私下沟通、协商，或许还有转机。

第三，就事论事，不要牵扯其他事情。

沟通过程中，要就事论事，以客观、中立的态度陈述事件的经过，明确指出我们不满意的具体方面。一定要避免使用攻击性或指责性的语言，而是用"我觉得""我认为"等方式来表达观点。

千万不要说：

家　长："你这个班主任是怎么当的？"

"你是不是对我家孩子有偏见？"

总而言之，我们既要始终关注孩子的需求和感受，确保他们在学校得到更多的支持。同时，也要尊重班主任和其他教师的工作，通过合理的途径和方式解决问题，这样才能达成我们的目的。

想让孩子当班干部

——我也当过班长，可以传授孩子一些经验

　　新学期开始，班级里要重新选拔班干部。方圆的妈妈认为当班干部可以锻炼孩子，让孩子各方面能力有所提升，便鼓励方圆积极参与选拔。

　　为了让方圆当上班干部，她还找到班主任，说："听说最近班里在选班干部，能不能选方圆啊？我家孩子责任心挺强的，我想让他锻炼锻炼……"

　　班主任笑着说："其实，大多数家长希望孩子被选为班干部，但一要看孩子的意愿，二要看孩子是不是具备这方面的能力。您放心，我们会根据大家的表现综合考量的，保证每个孩子都有机会，绝对公平公正。"

听说最近在选班干部，我帮孩子争取一下。

您放心，每个孩子都有公平竞争的机会。

委婉助力
好过公开"走后门"

当班干部的确能在一定程度上提升孩子的各项能力，包括组织能力、决策能力、表达能力和社交能力，还能让孩子更自信，获得成就感。所以，许多家长希望孩子能当班干部。问题是，能当上班干部的毕竟是少数。

所以，想让孩子当班干部，我们首先要对孩子有所了解，知道孩子在哪些方面有特长和优势，同时了解他们是否对成为班干部感兴趣和有积极性。

我们还应该鼓励孩子参与学校组织的各种活动，如演讲比赛、运动会等，以提升他们的沟通能力和团队协作精神。这是他们当选班干部的有效途径。另外，我们也应该引导孩子正确看待竞争，教育孩子以积极、健康的心态面对竞争，不要过分看重结果，而是注重过程中的学习和成长。

当孩子做到以上事情后，我们就应该给予孩子一些支持和帮助，包括与班主任进行沟通，增加孩子当选的砝码。

当然，与班主任沟通时，我们不能直接说"我家孩子想当班长，您要多支持他"或者"当班长能锻炼孩子，我想让孩子当班长"，这样说成功的概率几乎为零。

巧妙地运用"话术"，说服才能事半功倍。那么，我们应该采取哪些有效"话术"呢？

第一，找到切入点，委婉地说出请求。

我们可以通过与班主任沟通找到切入点。比如，询问班干部选拔标准的相关问题，引入话题，然后再委婉地说出请求。

比如说：

> **家　长：**"刘老师，咱们班班长的选拔标准是什么啊？我们家孩子跟我说，想当班长，又怕自己不够格，让人家笑话。"

通过这句话，我们可以明确地告诉班主任"我家孩子想当班干部，您考虑一下"。当班主任说出选拔标准之后，我们可以说：

> **家　长：**"我觉得我家孩子能达到标准，而且他在××方面很出色，我得鼓励和支持他参选班干部，为班级服务！"

夸赞孩子的同时，充分表达了我们对孩子当班干部的支持，为孩子的当选增加了砝码。

第二，展现孩子的积极态度。

我们可以向班主任说明孩子对担任班干部的积极态度和期望。比如，分享孩子在家中的表现，以及他如何主动承担责任、帮助家人或参与社区活动等。可以这样说：

> **家　长：**"我注意到孩子在家中和学校都表现出了一定的领导能力和组织能力，他经常主动承担责任并帮助他人。我认为担任班干部是一个很好的锻炼机会，可以让孩子在实践中学习和成长。"

第三，提出具体的支持措施。

我们可以表示支持孩子当选班干部后的工作，并提出具体的支持措施。比如：

> **家　长：**"如果孩子有幸成为班干部，我们将全力支持他的工作，积极配合您的班级管理。同时，我们也会与老师保持密切联系，及时了解孩子在班级中的表现，共同关注孩子的成长。"